职业教育教学资源库配套系列教材

汽车营销与服务专业

汽车营销技术

编著　洪　波　孙　伟　鲍婷婷

主审　陈文华

北京理工大学出版社

BEIJING INSTITUTE OF TECHNOLOGY PRESS

内 容 简 介

本书借鉴了大量的国内汽车市场营销资料和相关教材，结合中国汽车市场的特点，系统地阐述了汽车市场营销的基本理论，通过大量的案例，真实地反映了中国汽车市场营销的最新发展情况，使读者既能够学到汽车市场营销的基本理论，又能够理论联系实际地对中国汽车市场营销有系统而全面的了解，从而掌握汽车市场营销的精髓。

本书采用以项目为载体、以任务为驱动的编写方式，以汽车营销基础理论、汽车市场调研与预测、汽车营销策略、汽车营销策划与实施、汽车网络销售技能五大项目为载体来承载汽车营销技术课程的相关知识与技能，每个项目又由若干个工作任务组成。教材以引导文的形式，通过若干个典型学习情景来实施任务，让学生在实施任务的过程中习得汽车营销的基本技能，掌握基本知识。

本书可用于汽车营销与服务专业高等学校教学教材，也可以作为汽车销售企业人员和自学者的学习资料。

图书在版编目（CIP）数据

汽车营销技术 / 洪波，孙伟，鲍婷婷编著. —北京：北京理工大学出版社，2019.7
（2019.8 重印）
ISBN 978-7-5682-6782-3

Ⅰ. ①汽…　Ⅱ. ①洪…　②孙…　③鲍…　Ⅲ. ①汽车–市场营销学–高等学校–教材
Ⅳ. ①F766

中国版本图书馆 CIP 数据核字（2019）第 035994 号

出版发行 / 北京理工大学出版社有限责任公司
社　　址 / 北京市海淀区中关村南大街 5 号
邮　　编 / 100081
电　　话 / （010）68914775（总编室）
　　　　　　（010）82562903（教材售后服务热线）
　　　　　　（010）68948351（其他图书服务热线）
网　　址 / http://www.bitpress.com.cn
经　　销 / 全国各地新华书店
印　　刷 / 唐山富达印务有限公司
开　　本 / 787 毫米×1092 毫米　1/16
印　　张 / 13.25　　　　　　　　　　　　　　　　　责任编辑 / 王俊洁
字　　数 / 300 千字　　　　　　　　　　　　　　　　文案编辑 / 王俊洁
版　　次 / 2019 年 7 月第 1 版　2019 年 8 月第 2 次印刷　　责任校对 / 周瑞红
定　　价 / 42.00 元　　　　　　　　　　　　　　　　责任印制 / 李志强

前言

近年来，汽车行业正以前所未有的速度在我国普及和发展，汽车的生产和营销对我国国民经济的影响越来越大，汽车行业的从业人员也越来越多。在汽车营销的从业人员当中，有从事汽车进出口、汽车保险、二手车交易、汽车售后服务、汽车维修、企业营销管理等多方面工作的人员，他们的工作对汽车产业的发展有着举足轻重的作用。所以，对汽车销售人员的培养对汽车行业的发展也有着举足轻重的作用，这对汽车营销专业人才特别是高端技能型人才的培养，提出了前所未有的高要求。

本书在设计上既考虑学生学的要求，又考虑教师教的要求；既注重专业基础和专业理论的系统性，又考虑职业技能的需求。本书在编写过程中力求突出高等教育的特色，根据汽车行业对专业营销人才的具体需求，在阐述现代市场营销相关知识的基础上，使学生能熟练地掌握汽车营销核心技能，培养既懂汽车基本营销知识，又懂汽车营销策划的实用型人才。

本书共分为五个学习项目，分别为汽车营销基础理论、汽车市场调研与市场预测、汽车营销策略、汽车营销策划与实施、汽车网络销售技能。每个学习项目下设若干任务，每个任务均采用"任务引入""任务描述""任务目标""相关知识""任务实施"和"拓展提升"等模式展开，有很强的实用性，力求让教师和学生使用方便。本书还选择了许多汽车营销中的案例，以培养学生分析问题和解决实际问题的能力。

本书是国家高等教育汽车营销与服务专业教学资源库配套教材，通过本书可以实现线上与线下的教学互动与行业延伸，打开课堂教学与课后学习的通道，通过网络信息化达到共享大量丰富教学资源的目的。同时本书将理论知识学习与技能提升紧密结合起来，既可以满足在校学生学习提高技能的要求，全面培养综合素质，又可以满足社会人士提升汽车营销理论素养的要求。

本书由洪波、孙伟和鲍婷婷老师编著，其中鲍婷婷编写了项目一，洪波编写了项目二、项目四，孙伟编写了项目三、项目五，本书由陈文华主审。

　　本书在编写过程中，除了所列参考文献之外，还参考了互联网上的许多相关文献、国内外市场营销和汽车营销方面的书籍、论文等文献资料，在此对原作者、编者表示由衷的感谢。尽管我们对本书的编写工作做了大量努力，但因水平有限，书中难免有不足、不当或疏漏之处，恳请广大读者对书中错漏之处给予批评、指正，对本书不妥之处提出宝贵意见，我们将认真对待，加以完善，并表示感谢。

编　者

2018 年 **11** 月

二维码内容资源获取说明

Step1: 扫描下方二维码，下载安装"微知库"APP；

Step2: 打开"微知库"APP，点击页面中的"汽车营销与服务"专业。

Step3: 点击"课程中心"选择相应课程。

Step4: 点击"报名"图标，随后图标会变成"学习"，点击学习即可

使用"微知库"APP 进行学习。

PS：下载"微知库"APP 并注册登录后，直接使用 APP 中"扫一扫"

功能，扫描本书中二维码，也可直接观看相关知识点视频。

安卓客户端

IOS 客户端

目 录

项目一

汽车营销基础理论

　　汽车营销基础理论是汽车销售顾问完成销售任务的基础条件，汽车销售顾问只有真正理解和掌握销售基础理论，才能在销售过程中明确"我应该怎么做""我为什么要这么做"这两个核心问题。同时，汽车营销基础理论也是销售人员提升个人能力、多方面发展的基础。

　　本项目将从市场营销观念认识、市场营销环境分析、目标市场营销战略三个任务展开。

任务 1-1 市场营销观念认识

任务引入

随着汽车行业的发展，汽车市场竞争日趋严峻，销售顾问所面临的压力越来越大，因此，要想在销售岗位上取得良好业绩，必须实现理论与实践的有机结合，让理论有效指导日常工作。所以，本任务将重点介绍市场的相关概念，让销售顾问清楚地认识到市场营销观念与传统营销观念的区别。

任务描述

陈晨大学毕业后到一家汽车销售公司担任销售顾问，上班第一天，刚好赶上公司开会讨论喜迎中秋的车展活动。陈晨很认真地听取了大家对车展的认知，也表达了自己的很多看法和观点。在陈晨的努力下，公司领导决定让陈晨来负责起草项目方案。

接下任务后，陈晨开始思考如何去策划此次车展活动，陈晨认为车展的核心目的是实现销售，而要实现销售，就必须有市场。

如果你是陈晨，你认为该如何来衡量是否有市场？应该如何分析市场营销环境和市场机会？应该如何集客？

任务目标

1. 专业能力

（1）能了解市场的组成；

（2）能明确市场营销与传统营销的区别；

（3）能了解市场营销环境的定义；

（4）能明确市场营销环境的特征。

2. 社会能力

（1）具有运用市场营销基础理论处理工作上的相关问题的能力；

（2）能树立服务意识、效率意识、规范意识；

（3）能强化人际沟通能力、客户关系维护能力；

（4）具有维护组织目标实现的大局意识和团队能力；

（5）具有爱岗敬业的职业道德和严谨、务实、勤快的工作作风；

（6）具有自我管理、自我修正的能力。

3. 方法能力

（1）具有利用多种信息化平台进行自主学习的能力；

（2）具有制订工作计划的能力、独立决策和实施的能力；

（3）具有运用多方资源解决实际问题的能力；

（4）具有准确的自我评价能力和接受他人评价的能力；

（5）具有自主学习与独立思考的能力。

相关知识

一、市场及市场营销的定义

1-1-1　市场营销概念课件1　　　1-1-2　市场营销概念课件2　　　1-1-3　市场营销概念微课视频

汽车行业竞争激烈，要想赢得市场，营销工作的成败非常重要。因此，学习市场营销知识与技能不仅对市场营销相关工作有用，对其他岗位的发展也能起到良好的促进作用。

（一）市场定义

市场是商品经济的产物，哪里有商品生产和商品交换，哪里就会有市场。随着商品经济的发展，关于市场的含义和理解也在不断地发展。

在市场营销者看来，市场是指某种产品的现实购买者与潜在购买者需求的总和。站在销售者市场营销的立场上，同行供给者即其他销售者都是竞争者，而不是市场。销售者构成行业，购买者构成市场。

从广义的角度而言，市场是商品买卖的场所。由此可见，市场包含了三个主要因素，即有某种需要的人、拥有为满足这种需要的购买能力和购买欲望。

人口是市场最基础的要素，没有人，就没有市场。人口的规模、结构以及在地理上的分布决定市场的大小和类型。购买力是指在特定的市场中，人们购买商品的能力，购买力决定于收入水平；同时，购买力不同，对同一种商品的需求也不同。购买欲望是指人们购买商品的意愿。有的人购买欲望很强，甚至负债（如向银行借钱）也要购买自己想要的商品，而且不一定是必需的；有的人购买欲望很低，时时看紧自己的钱包。假如你是一家公司的营销经理，你的任务主要就是激发有购买力的顾客的购买欲望，让他们购买公司的产品或服务。

市场的这三个因素相互制约、缺一不可，只有三者结合起来，才能构成现实的市场，才能决定市场的规模和容量。

同时，人们还可以从销售渠道意义上理解和运用市场这一概念。此时，市场是买方、卖方和中间交易机构（中间商）组成的有机整体。在这里，市场是指商品多边、多向流通的网络体系，是流通渠道的总称。它的起点是生产者，终点是消费者或最终客户，中间商则包括所有取得商品所有权和协助所有权转移的各类商业性机构（或个人）。

此外，人们也可以站在经济学意义的基础上去分析市场这一概念。此时，市场是指某一类商品的买卖双方及其商品交易活动。在经济学中，研究市场时，不仅研究买方，而且研究卖方；不仅研究买卖双方及其交易活动，还要研究买卖双方之间的交易方式。

（二）汽车市场定义

汽车及其相关服务（劳务）在市场经济条件下自然就可能作为一种商品进行交换，围绕着这一特殊的商品运用市场概念就形成了汽车市场。汽车市场是将汽车作为商品进行交换的场所，是汽车的买方、卖方和中间商组成的一个有机整体。它将原有市场概念中的商品局限于汽车及与汽车相关的商品，起点是汽车的生产者，终点是汽车及相关商品的消费者或最终客户。

作为汽车营销者，通常将汽车市场理解为现实的和潜在的具有对汽车及相关商品购买能力的总需求。

（三）市场营销的定义

既然在市场营销学中，市场的概念特指对某一类产品有相同需求的顾客。那么，什么是市场营销呢？对此，人们并无统一的观点，不同学者对市场营销这一概念给出的定义也不同。以下是比较权威的关于市场营销的定义：

美国市场营销协会（AMA）在1985年对市场营销给出的定义是：营销（Marketing）是对思想、产品和服务进行构思、定价、促销和分销的计划和实施的过程，从而产生能满足个人和组织目标的交换。

市场营销学权威学者菲利浦·科特勒对市场营销的定义是：营销（Marketing）是个人和集体通过创造，并同别人自由交换产品和价值，以获得其所需所欲之物的一种社会和管理过程。

综合前人的观点，我们将市场营销的概念表述如下：

市场营销是与市场有关的人类活动，即以满足人类各种需要和欲望为目的，通过市场变潜在交换为现实交换的活动。

我们可以从以下几个方面去理解这一概念：

（1）市场营销的核心是交换。市场营销的含义不是固定不变的，它随着企业市场营销实践的发展而发展，但核心却是交换。

（2）市场营销是一种人类活动，是有目的、有意识的行为。对企业来说，这种活动非常重要。

（3）市场营销的研究对象是市场营销活动和营销管理。

（4）满足和引导消费者的需求是市场营销活动的出发点和中心。企业必须以消费者为中心，面对不断变化的环境，作出正确的反应，以适应消费者不断变化的需求。需要满足的消费者需求不仅包括现在的需求，还包括未来潜在的需求。现在的需求表现为对已有产品的购买倾向，潜在需求则表现为对尚未问世产品的某种功能的愿望。

（5）分析环境，选择目标市场，确定和开发产品。产品定价、分销、促销和提供服务以及它们之间的协调配合，是市场营销活动的主要内容。

（6）实现企业目标是市场营销活动的目的。不同的企业有不同的经营环境，不同的企业也会处在不同的发展时期，不同的产品所处生命周期里的阶段亦不同。因此，企业的目标是多种多样的，利润、产值、产量、销售额、市场份额、生产增长率、社会责任等均可能成为企业的目标，但无论是什么样的目标，都必须通过有效的市场营销活动完成交换，与客户达成交易方能实现。

（7）市场营销与销售或促销的区别。市场营销不同于销售或促销。现代企业市场营销活动包括市场营销研究、市场需求预测、新产品开发、定价、分销、物流、广告、人员推销、销售促进、售后服务等。

促销只是一种手段，但营销是一种真正的战略，正如我国某著名企业家所概括的那样，营销意味着企业应该先开市场，后开工厂。由此可见，销售仅仅是现代企业市场营销活动的一部分，而且不是最重要的部分。

二、汽车营销观念及其演变

对于汽车销售企业而言，营销不仅是一种经营职能和一系列的经营活动过程，而且通过这一系列的活动过程体现了企业的经营观念，即经营指导思想。不同的企业和企业家，在企业发展的不同时期，经营观念往往不同。这是因为，企业、顾客和社会三者的利益经常是矛盾的，企业的经营观念将指导其如何协调三者之间的关系。

人们对企业经营的认识变化，经历了以下五种经营观念：生产观念、产品观念、推销观念、市场营销观念、社会营销观念。

（一）生产观念

生产观念也称为生产导向。这种观念是西方国家在 20 世纪 20 年代以前主要流行的经营思想，它的基本特征是以产定销，企业能生产什么就卖什么，生产多少就卖多少。生产观念告诉我们，消费者偏好价格低廉并随处可以买到的产品，企业的任务就是不断提高生产效率、降低成本，同时广泛地分销产品。在产品比较短缺的领域或时期，企业往往采取这种观念指导其经营。在这种观念指导下，企业注重扩大规模和提高生产效率以提高产量、降低成本，而产品质量和服务往往受到忽视。企业往往认为"我生产什么，消费者就会购买什么"。当竞争较弱或需求大于供给的时候，这种观念是适宜的。例如20世纪初期，美国福特汽车公司总裁亨利·福特决定只制造经济实惠的单一品种——黑色的T型车，不管消费者需要什么样的汽车，这就是典型的生产观念的具体表现。应当看到的是，随着现代社会生产力的提高，作为传统产业的汽车工业，其企业间的实力越来越接近，世界汽车市场竞争日益加剧，汽车企业在规模和成本上的竞争空间已越来越小（受最小极限成本制约），因而以这种生产观念作为指导汽车企业经营的普遍观念已逐步退出历史舞台，客户对汽车产品质量产生了不同层次的要求，汽车企业就必须运用新的营销观念来指导自己的竞争。在竞争激烈的市场环境下，企业就必须从顾客的角度出发，考虑顾客需要什么，再决定生产什么。

（二）产品观念

持产品观念的企业认为，消费者偏好高质量、功能完备、技术先进的产品，并愿意为之付出高价。因此，如果说生产观念注重以量和低成本取胜，那么产品观念则表现为以质取胜。其基本理念是：当社会物质短缺、市场供不应求的局面得到缓和后，只要企业生产的汽车产品质量过硬，经久耐用，就一定会有良好的市场反应，受到客户的欢迎，企业就会立于不败之地。许多生产奢侈品的企业就用这一观念指导其经营，如世界著名的跑车制造商保时捷汽车公司。

但是产品观念往往使企业忘记一个事实：产品只不过是满足顾客需求或解决顾客问题的手段。首先，顾客需求会因人、时间、环境、经济等诸多因素而发生变化。例如，人们对车辆的需求，在经济比较落后、生活比较贫困的时候，主要是满足有的需求。但是，在经济发展水平较高、生活比较富裕的时候，人们对车辆的需求就不同了，更多要求体现在美观、时尚和科技方面。其次，解决顾客的问题也可以有多种产品或服务，而这些产品或服务可能分别由不同行业的企业提供。许多老品牌企业的衰落便是由于企业固守产品观念的结果，这些品牌产品都曾因品质优良而深受消费者信赖，但却因为忽视消费者需求的变化而逐步被市场淘汰。

（三）推销观念

推销观念或销售观念产生于20世纪30年代初期。当时由于资本主义世界发生经济危机，包括汽车在内的大批产品供过于求，销售困难，卖方竞争加剧，资本主义经济从卖方市场逐渐转向买方市场。在激烈的市场竞争中，许多企业的经营思想发生改变，不仅重视生产问题，也开始逐渐重视产品的销路问题，各种促销技术在企业得到运用并逐步形成一种推销经营哲学。推销观念认为，消费者只有在企业的强力促销刺激下才会购买产品。推销观念同生产观念和产品观念一样，都是"我生产什么就卖什么，我卖什么你就买什么"，对消费者的真正需求并不关心。推销者往往假定，顾客在购买了产品之后会喜欢它并会再次购买。事实上，顾客在推销者的哄骗之下购买了产品之后都很失望，大多不再购买。因为推销者为了销售产品，往往对产品进行夸大其词的宣传，顾客购买之后发现并非如此。许多机构的办公室门上挂有"谢绝推销"的牌子，就表明了人们对推销的厌恶。然而，对于那些确有需要又不愿意主动购买产品的顾客来说，推销观念仍然发挥着作用，比如保险、延保等产品。关键是，推销者要善于发现潜在的消费者，并进行有针对性的推销，而不是盲目地推销。

（四）市场营销观念

市场营销观念是在 20 世纪 50 年代以后，在西方发达国家，特别是美国形成和发展起来的。市场营销观念认为，企业要从顾客需求出发，要准确了解和判断顾客需求，在此基础上提供能有效满足顾客需求的产品或服务；同时，顾客由于需求得到有效满足，会更加信任企业并会再次购买企业的产品。

1. 市场营销观念与传统营销观念的区别

市场营销观念是汽车企业经营思想上的一次根本性变革，市场营销观念与传统营销观念相比，根本区别表现在四个方面：

1）起点不同

传统营销观念是在产品生产出来之后才开始经营活动，而市场营销观念则是以市场为出发点来指导生产经营活动。

2）中心不同

传统营销观念是以生产或卖方的需求为中心，以产定销；而市场营销观念则是以客户或买方需求为中心，以销定产。

3）手段不同

传统营销观念主要采用推销及促销手段，而市场营销观念则主张通过整体营销（营销组合）的手段来满足客户的需求。

4）终点不同

传统营销观念以将产品售出获取利润为终点，而市场营销观念则将利润看作是客户需要得到满足后愿意付出的回报。

2. "4P" 的具体内容

市场营销观念认为，组织目标的实现在于理解目标市场的需求和欲望，并且比竞争者更好地满足顾客期望，在这一观念指导下，以顾客为中心和实现客户价值是销售和获得利润的途径。现代市场营销活动以 "4P" 为核心，"4P" 的具体内容如下：

1）产品（Product）

从市场营销的角度来看，产品是指能够提供给市场被人们使用和消费并满足人们某种需要的任何东西，包括有形产品、服务、人员、组织、观念或它们的组合。

2）价格（Price）

这是指顾客购买产品时的价格，包括折扣、支付期限等。价格或价格决策关系到企业的利润、成本补偿以及是否有利于产品销售等问题。影响定价的主要因素有三个：需求、成本、竞争。最高价格取决于市场需求，最低价格取决于该产品的成本费用，在最高价格和最低价格的幅度内，企业能把这种产品的价格定得多高，则取决于竞争者同种产品的价格。

3）渠道（Place）

所谓销售渠道，是指在商品从生产企业流转到消费者手上的全过程中所经历的各个环节和推动力量之和。

4）促销（Promotion）

促销是公司或机构用以向目标市场通报自己的产品、服务、形象和理念，说服和提醒他们对公司产品和机构本身产生信任、支持和注意的任何沟通形式。广告、销售促进、人员推销、公共关系是一个机构促销组合的四大要素。

（五）社会营销观念

社会营销观念是20世纪70年代以后出现的新观念。当时，以美国为首的西方国家在经济高度发展的同时，面临着一系列严重的社会问题。如企业为谋取暴利，搞欺骗广告，出现以次充好、以假充真、缺斤短两等现象。究其根源，主要是企业只重视消费者需要和企业自身利益，忽略了社会整体利益和长远利益。在此背景下，社会营销观念便应运而生。

社会营销观念认为，企业的任务在于确定目标市场的需要和利益，比竞争者更有效地使客户满意，同时维护与增进社会福利。社会营销观念与市场营销观念并不矛盾，前者不是对后者的否定，而是一种补充和完善。这种观念要求企业将自己的经营活动与满足客户需求、维护社会公众利益和长远利益作为一个整体对待，不急功近利，自觉限制和纠正营销活动的副作用，并以此为企业的根本责任。

社会营销观念的决策主要由四个部分组成，包括客户的需求、客户利益、企业利益和社会利益。他要求企业用系统方法把这四个方面的因素适当协调起来，拟出最佳营销策略。

社会营销观念带给顾客和社会的利益是绝对的，在任何条件下都会受到欢迎，而带给企业的利益则是相对的，一般企业只有在面临高压环境时才会选用。例如，当消费者对安全、健康高度关注，政府对此也采取严厉的政策时，那些不施行社会营销观念的企业，将会被淘汰。

三、营销环境的含义

1-1-4 市场营销环境课件　　1-1-5 市场营销环境微课视频

市场营销环境大体而言可以被定义为围绕在该系统周围的所有事物。例如，企业并不是生存在一个真空内，作为社会经济组织或社会细胞，它总是在一定的外界环境下开展市场营销活动。而这些外界环境条件是不断变化的，一方面，它给企业创造了新的市场机会；另一方面，它又给企业带来某种威胁。因此，市场营销环境对企业的生存和发展具有重要意义。

美国著名市场学家菲力普·科特勒认为，市场营销环境就是影响企业的市场和营销活动的不可控制的参与者和影响力。具体地说就是："影响企业的市场营销管理能力，使其能否卓有成效地发展和维持与其目标客户交易及关系的外在参与者和影响力。"市场营销环境是指与企业营销活动有潜在关系的所有外部力量和相关因素的集合，它是影响企业生存和发展的各种外部条件。因此，营销活动要以环境为依据，企业要主动地适应环境，而且要通过营销努力去影响环境，使环境有利于企业的生存和发展，有利于提高企业营销活动的有效性。

四、市场营销环境的组成要素

本书将市场营销环境分解为一系列的组成要素，其中三种重要的组成要素包括微观环境、宏观环境和内部环境。

（一）微观环境

一个组织的微观环境可以被理解为所有直接或间接影响组织活动的组织和个人。由于企业打交道对象的不确定性，微观组织包括真实的人和组织。汽车市场营销的微观环境是指与汽车企业营销活动紧密联系，能够直接影响汽车企业为目标市场提供服务能力的各种因素，如企业自身、汽车市场营销渠道企业、汽车客户、竞争对手和社会公众。这些环境因素对汽车企业的营销活动有着直接的影响作用，又称为汽车企业直接环境因素。在汽车企业的微观环境中，包含以下关键的群体：

1. 消费者

消费者是微观环境中至关重要的一部分。从广义角度而言，消费者是指汽车企业为之服务（或提供服务）的目标市场，是汽车企业营销活动的出发点和终点。汽车企业市场营销的一切营销活动都应以满足消费者的需要为中心，消费者是企业最重要的环境因素。因此，汽车企业必须充分研究各种消费者的需要及其变化。在一个理想的状态下，汽车企业应该对消费者非常熟悉，以至于他们能够预测消费者在接下来需要什么。一般来说，汽车消费市场按购买动机可分为五种类型：消费用户市场、生产用户市场、中间商市场、非营利组织市场和国际市场。消费用户市场由个人和家庭组成，他们仅为自身消费而购买商品和服务。

2. 供应商

供应商为企业（组织）提供产品和服务。这些产品和服务被组织通过增加价值后，转化成为提供给消费者的产品。通常，供应商对于一个组织在市场中的成功是至关重要的，尤其是在生产要素处于短缺供应状态时。汽车企业供应商是指为汽车企业所需资源（如设备、能源、原材料、劳务、配套件等）用以生产或服务的企业或个人。供应商对汽车企业的市场营销有实质性影响，营销部门必须密切注意供应商的供应能力，它包括供应成本的高低和供应的可靠性。这些因素短期将影响汽车销售的数额，长期将影响汽车客户的满意度，影响企业信誉。

由此可见，汽车企业对供应商的影响力要有足够的认识，应尽可能地处理好与供应商之间的关系，为本企业的市场营销开拓较为有利的微观环境。汽车企业所具有的一个显著特征是它要求汽车主机企业与许多生产供应商之间进行广泛的专业化协作，主机企业的效率与协作效率有着紧密联系。汽车主机企业可以采取如下措施来处理与供应商之间的关系：对其生产供应者采取货比三家的政策，开拓更多的供货渠道，这样既可保持与供应商的大体稳定的配套协作关系，又可让他们之间形成适度的竞争，从而使本企业的汽车产品达到质量和成本的相对统一。实践表明，这种做法对企业的生产经营活动具有较好的效果。

现代企业管理理论非常强调供应链管理，汽车主机企业应认真规划自己的供应链体系，将供应商视为战略伙伴，不过分牺牲供应商的利益，按照双赢的原则实现共同发展。

3. 中间商

中间商在组织和消费者之间扮演着重要的角色。中间商是指协助汽车企业促销、销售和经销其产品给最终购买者的组织或个人，能帮助汽车企业找到汽车用户或把汽车销售出去，包括批发商和零售商。对汽车企业而言，获得有效的中间商对于市场的成功是至关重要的，汽车企业应该寻找具备一定规模、有足够力量操纵交易条件的中间商进行有效合作。

4. 竞争者

每个汽车企业的市场营销活动都会面临其他竞争者的挑战，这是汽车市场营销的又一重要微观环境。竞争者从大体上可以分为两类：直接竞争者和间接竞争者。

（1）直接竞争者是指那些在形式上相似或以同样的方式去满足消费者需求的群体。

（2）间接竞争者可能以不同的形式出现，但是可以满足消费者相似的需求，间接竞争者是最难去鉴定和理解的。若要成功，汽车企业在满足汽车用户的需要和欲望方面必须比其他竞争对手做得更好。

因此，汽车企业不仅要满足目标市场用户的需求，还要考虑在同一目标市场内竞争对手的战略。现代市场营销理论认为，竞争者有各种不同的类型，其规模大小和产业地位也不相同，汽车企业应针对不同类型的竞争者分别采取不同的竞争策略，任何一种单一的竞争策略均非最佳策略。

5. 政府

政府机构的需求通常优先于公司消费者的需求，政府期望汽车企业能从公共部门接管更多的责任，例如推动新能源汽车的兴起；政府可以通过企业实现更多的经济目标和社会目标，例如区域经济的发展以及技能培训，政府作为调节者还会影响商业活动的许多方面。

6. 金融界

金融界包括了一些已经支持、现在正在支持或在将来可能支持汽车企业的机构。股东是这个领域一个重要的因素，并且确保企业将要达到其所陈述的目标。许多市场计划失败就是因为汽车企业并没有考虑这些潜在投资者的需求和期望。

（二）宏观环境

如果说微观环境包括与公司合作的个人和组织，那么宏观环境则更为模糊。它包括一般的趋势和力量，尽管这些不会立即影响到企业和消费者、供应商以及中间商之间的关系，但是迟早会改变这些关系。

汽车市场营销宏观环境是指对汽车企业营销活动造成市场机会和环境威胁的主要社会

力量。宏观环境包括七种主要环境：人口环境、自然环境、汽车使用环境、科技环境、经济环境、政治法律环境以及社会文化环境。一般来说，这种环境是汽车企业无法控制的力量，汽车企业对宏观环境因素只能通过调整营销策略和控制内部管理来适应其变化，并不能改变其宏观环境因素，汽车企业必须随时密切注意并采取措施。汽车企业及其微观环境的参与者，无不处于宏观环境之中。

1. 人口环境

人口是市场营销环境中最基本的变量，而人口环境是指一个国家和地区（汽车企业目标市场）的人口总量、人口质量、家庭结构、人口性别、人口年龄结构及地理分布等因素的现状及其变化趋势。

人口环境对汽车企业的市场需求规模、产品的品种结构、档次以及用户购买行为等市场特征具有决定性影响。人口总量是衡量一个国家或地区的市场潜在容量的重要因素；人口在地区上的分布，关系汽车市场需求的异同；年龄结构不同，则需求的汽车产品结构、档次也不同。例如，男士较为关心车辆的安全性、动力性等要素；而女士则更为关心车辆的外观、舒适性等。同时，汽车市场营销人员在分析研究人口环境时，应当区别人口环境中不同的因素对国际、国内两个汽车市场的影响程度。近几年随着我国经济的发展，消费者对市场需求的变化趋势日渐明显，汽车企业应有针对性地做好各项营销准备，以抓住不断增加的营销机会。

2. 自然环境

自然环境主要是指汽车营销者所需要或受营销活动影响的自然资源。汽车企业营销活动受自然环境的影响，反过来，汽车企业的经营活动一定程度上又会影响自然环境。自然环境包括自然资源状况、生态环境和环境保护等方面。

自然环境对汽车企业市场营销活动影响甚大，其影响包括以下两个方面：

（1）自然资源的短缺日趋严峻，这将是长期约束汽车企业市场营销活动的一个条件。

（2）环境污染严重，加强环境保护对汽车的性能提出了更高的要求。随着国际环保标准的日趋严格，对汽车的环保要求也越来越高，这必然提高企业产品开发的难度和成本，甚至改变企业产品开发的方向，这些对汽车企业的市场营销活动将产生重要影响。

3. 汽车使用环境

汽车使用环境是指影响汽车使用的各种客观因素，一般包括气候、地理、车用燃油、公路交通、城市道路交通等因素。气候因素对车辆使用时的冷却、润滑、起动、充气效率、制动等性能以及对汽车机件的正常工作和使用寿命产生直接影响，因而在汽车销售过程中，应根据目标市场的气候特点开发和销售汽车，并进行相应的技术服务；地理因素对汽车企业市场营销的影响重大，不同质量的公路对汽车产品的性能有着不同的要求，因而汽车企业应针对不同地区的自然地理特点推出性能不同的汽车产品；车用燃油主要包括汽油和柴油两种成品油，车用燃油是汽车使用环境的重要因素，汽车企业应注意这一因素的变化，并及时采取相应的营销策略；公路交通是指一个国家或地区公路运输的作用，良好的公路交通条件有利于提高汽车运输在交通运输体系中的地位，而汽车的普及程度增加有利于促进改善公路交通条件，从而为汽车企业的市场营销创造更为宽松的公路交通使用环境；城市道路交通是汽车尤其是轿车使用环境的又一重要因素，它对汽车市场营销的影响与公路交通的影响基本一致。

4. 科技环境

科技环境是指一个国家和地区整体科技水平的现状及其变化。科学与技术是社会生产力中最活跃的因素。科技环境作为汽车企业营销活动宏观环境的一个重要组成部分，不仅直接影响企业内部的生产经营，还同时与其他环境因素互相依赖、互相作用，所以科技环境对汽车市场营销的影响，不仅是直接的，而且是非常显著的。科技环境对市场营销的影响主要在以下几个方面：

（1）科技进步对汽车企业的市场营销活动可能造成直接或间接的冲击；

（2）汽车企业通过在汽车开发生产中应用新科技，使新产品的开发速度加快、成本降低，汽车产品的市场竞争力得以提高；

（3）科技进步对汽车企业提高服务质量和工作效率的影响重大，当今世界汽车市场的竞争非常激烈，要赢得市场，需要不断地加强科技研究和投入。

5. 经济环境

经济环境一般指影响汽车企业市场营销方式与规模的经济因素，包括汽车用户现实居民收入与支出状况、商品价格、居民储蓄、经济发展状况等。企业市场营销的重要任务之一，就是要把握市场的动态变化。市场是由购买力、人口、购买欲望三种因素共同构成的，因而了解购买力的分布、发展和投向是企业宏观营销环境的重要内容。

6. 政治法律环境

政治法律环境是指企业经营活动所处的外部政治、法律形势和状况。一般分为国际政治法律环境和国内政治法律环境两部分。

（1）政治环境是指汽车企业市场营销的外部政治形势。国内的政治形势稳定，不仅有利于国民经济的发展和国民收入的增加，而且有利于汽车用户消费心理的稳定，避免汽车市场需求的动荡。

（2）法律环境是指国家或地方政府颁布的各项法规、法令和条例等。法律环境对市场需求的形成和实现具有一定的调节作用。法律环境对汽车市场营销的影响表现在法律对企业经营活动的限制、国家政策和法律对工商业的保护、社会规范和商业道德的约束作用三个方面。

总之，市场经济并不完全是自由竞争的市场，从一定意义上说，市场经济本质上属于法律经济。因而在企业的宏观管理上主要靠经济手段和法律手段。政治法律环境正越来越多地影响着企业的市场营销，企业要加强和重视这方面的研究。

7. 社会文化环境

社会文化环境是指一个国家或地区的民族特征、价值观念、生活方式、风俗习惯、宗教信仰、伦理道德、教育水平、语言文字等的总和。在市场营销中，文化因素是影响人们购买行为和欲望的最重要因素，所以，企业必须对社会文化环境给予特别重视。同时应该

了解文化对企业营销的影响是多层次、全方位、渗透性的。文化包括核心文化和亚文化。核心文化是占据支配地位的，起着凝聚整个国家和民族的作用，是由千百年的历史所形成的文化，包括人生观、价值观等；亚文化是在主体文化支配下所形成的文化分支，包括种族、地域、宗教等。文化环境是通过间接、潜移默化的方式对企业的营销组合、消费者的消费心理、消费习惯进行影响的。

社会文化环境影响着企业的营销活动。同时，营销活动对社会文化环境也有一定的能动作用。

（三）内部环境

内部环境即汽车企业内部方方面面的因素。

五、市场营销环境与营销活动

市场营销环境与营销活动关系紧密，营销环境是不断变化的，企业营销活动受制于营销环境，因此营销管理者应采取积极、主动的态度，才能更好地适应营销环境。

六、市场机会

市场机会，指的是市场上存在的尚未满足或尚未完全满足的需求。它存在于社会生活的各个方面，是多种多样的。但对某一个企业来说，众多的市场机会中仅有很少的一部分才具有实际意义。为了做好发现和分析市场机会的工作，有效地抓住和利用某些有利的市场机会，市场营销人员就需要了解市场机会的类型和特性。

市场机会的类型有很多种，这里重点介绍以下三种：

（一）环境机会与企业机会（公司机会）

随着环境的变化而客观形成的各种各样未满足的需求，就是环境机会；环境机会中那些符合企业战略计划的要求，有利于发挥企业优势的可以利用的市场机会，才是企业机会。企业的市场营销管理部门就是要经过分析和评价环境机会来选择出合适的企业机会，并采取有效的对策加以利用。下面所说到的各种市场机会，都是从环境机会的角度讲的。

（二）行业性市场机会与边缘性市场机会

在企业所处的行业或经营领域中出现的市场机会，称为行业性市场机会；在不同行业之间的交叉或结合部分再现的市场机会，称为边缘性市场机会。由于自身生产经营条件的限制，企业一般都较为重视行业性市场机会并将其作为寻找和利用的重点，但由于行业内部企业之间的竞争，往往会使机会效益减弱甚至丧失，而企业利用行业外出现的市场机会，通常又会遇到一定的困难或较大的障碍。这种情况促使一些企业在行业之间的交叉或结合部分寻求较为理想的市场机会。边缘性市场机会，因其可以发挥企业的部分优势，而且较为隐蔽，难以为大多数企业重视和发现，所以利用这种机会的企业易于取得机会效益。寻找和识别边缘性市场机会的难度较大，需要企业的营销人员具有丰富的想象力和较强的开拓精神。

（三）市场机会与未来市场机会

在环境变化中市场上出现的未被满足的需求，称为市场机会；在市场上仅仅表现为一部分人的消费意向或少数人的需求，但随着环境的变化和时间的转移，在未来的市场上将发展成为大多数人的消费倾向和大量的需求，称为未来市场机会。企业寻求和正确评价未来市场机会，提前开发产品并在机会到来之时迅速将其推向市场，易于取得领先地位和竞争优势，机会效益较大，本身也隐含着一定的风险性。但这并不意味着可以轻视市场机会，否则企业将失去经营的现实基础，而对未来市场机会缺乏预见性和迎接的准备，对企业今后的发展也很不利。因此，企业应将寻找和分析这两种市场机会的工作结合起来进行。

任务实施

要全面理解"市场营销观念认识"所涉及的基础知识，并很好地解决本项目任务中所描述的陈晨遇到的情况，建议采取如下方式开展学习和训练。

（一）在线学习，完成预习

登录"汽车营销与服务专业教学资源库"，选定《汽车营销技术》课程中市场营销概念和市场营销环境的相关微知识，观看微课教学视频，并完成相应的进阶训练，在微课学习中如有疑问，可在线提问，与教师互动交流。

（二）手册学习

认真学习《〈汽车营销技术〉学生学习手册》，进一步掌握市场营销概念、市场营销环境的知识和技能，完成"难点化解"题目。

（三）模拟训练

假定你是陈晨，与学习小组成员商讨如何集客，并在课堂上展示。同时，注意观察其他组的展示情况，并将所见所闻记录在本任务书的"课堂记录"一栏中。

（四）课后评价

课后完成拓展任务、拓展训练，在小组内将自己的训练过程拍摄成微视频（或照片）上传到资源库平台，并与其他学习小组进行互动评价。

拓展提升

一、拓展任务

李磊是一名新上岗的销售顾问，他的首要任务是集客，如果你是李磊，你会采取什么方式进行集客活动？

1. 请试想李磊可以到哪些场合去集客？

2. 小组课后运用角色扮演法模拟训练该场景，并拍摄微视频上传至资源库平台（或

空间）。

二、拓展训练

1. 请结合实际情况，对新能源汽车的市场环境进行分析。
2. "4C 理论"与"4P 理论"的区别在哪里？
3. 销售顾问可以通过哪些手段去提升客户满意度？

拓展学习　　　　　　　在线测试　　　　　　　成果提交

三、案例分析

任务 1　市场营销概念　　任务 1　市场营销概念　　任务 1　市场营销环境
　　案例 1　　　　　　　　案例 2　　　　　　　　案例

四、训练习题

任务 1　市场营销概念　　任务 2　市场营销环境
　　训练习题　　　　　　　　训练习题

任务 1-2　市场营销环境分析

任务引入

运用正确的方法对汽车企业市场营销环境进行分析，这有助于销售顾问确定销售目标，提升销售业绩。市场营销环境可以分为微观营销环境和宏观营销环境。微观营销环境是直接制约和影响企业营销活动的力量和因素。宏观营销环境直接影响企业的营销战略，对宏观环境进行分析，有助于销售顾问更好地理解企业的营销战略，更好地明确未来的营销方向。

所以，本任务将重点分析企业的微观营销环境（以下简称微观环境）和宏观营销环境（以下简称宏观环境），让销售顾问清晰地认识到微观营销环境及宏观营销环境的组成和特点，并通过对经典案例进行分析，指导学生分组完成相应任务。

任务描述

陈晨大学毕业后，到一家汽车销售公司担任销售顾问，最近他发现来店客户较少，分析原因，主要是因为竞争对手改变策略造成的。陈晨决定对现有的市场营销环境进行分析，然后提出改进措施。

如果你是陈晨，你会从哪些方面对企业的市场营销环境进行分析？

任务目标

1. 专业能力

（1）能明确微观环境分析的意义；

（2）能熟悉微观环境的影响因素；

（3）能明确宏观环境分析的意义；

（4）能熟悉宏观环境的影响因素；

（5）能结合教师给出的经典案例，完成指定任务；

（6）能进一步理解营销环境对销售的影响。

2. 社会能力

（1）能运用营销基础理论处理工作上的相关问题；

（2）能树立服务意识、效率意识、规范意识；

（3）能强化人际沟通能力、客户关系维护能力；

（4）具有维护组织目标实现的大局意识和团队能力；

（5）具有爱岗敬业的职业道德和严谨务实勤快的工作作风；

（6）具有自我管理、自我修正的能力。

3. 方法能力

（1）具有利用多种信息化平台进行自主学习的能力；

（2）具有制订工作计划、独立决策和实施的能力；

（3）具有运用多方资源解决实际问题的能力；

（4）具有准确的自我评价能力和接受他人评价的能力；

（5）具有自主学习与独立思考的能力。

相关知识

一、企业的微观环境概述

1-2-1　企业的微观环境课件　　　1-2-2　企业的微观环境微课视频

微观环境是指对企业服务其顾客的能力构成直接影响的各种力量，微观环境主要由企业本身、营销渠道、市场、竞争者和各种公众组成。企业微观环境是指对企业营销活动发生直接影响的组织和力量。分析微观环境的目的在于更好地协调企业与这些相关群体的关系，促进企业营销目标的实现。

二、企业微观环境的主要因素

企业微观环境的主要因素有供应商、营销中介、顾客、竞争者、社会公众和企业参与营销决策的各个部门。具体如图1-2-1所示，以下只详述前四种。

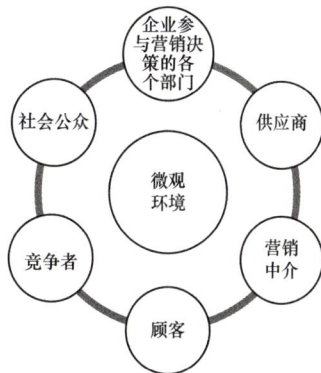

图1-2-1　企业微观环境的主要因素

（一）供应商

供应商是指提供生产所需要资源的企业或个人。供应商对企业营销活动的影响主要表现在以下几点：

1. 供货的稳定性与及时性

原材料、零部件、能源及机器设备等货源的保证，是企业营销活动顺利进行的前提。如粮食加工厂需要谷物来进行粮食加工，还需要具备人力、设备、能源等其他生产要素，才能使企业的生产活动正常开展。供应量不足，供应短缺，都会影响企业按期完成交货任务。

2. 供货的价格变动

毫无疑问，供货的价格直接影响企业的成本。如果供应商提高原材料价格，生产企业亦将被迫提高其产品价格，由此可能影响到企业的销售量和利润。

3. 供货的质量水平

供应货物的质量水平直接影响到企业产品的质量水平。

4. 供应时间和履约程度

企业在寻找和选择供应商时，应特别注意两点：

（1）企业必须充分考虑供应商的资信状况。要选择那些能够提供品质优良、价格合理的资源，交货及时、有良好信用、在质量和效率方面都信得过的供应商，并且要与主要供应商建立长期稳定的合作关系，保证企业生产资源供应的稳定性。

（2）企业必须使自己的供应商多样化。企业过分依赖一家或少数几家供货商，受到供应变化的影响和打击的可能性就大。为了减少对企业的影响和制约，企业就要尽可能多地联系供货商，向多个供应商采购，尽量注意避免过于依靠单一的供应商，以免当与供应商的关系发生变化时，使企业陷入困境。

（二）营销中介

1. 营销中介的重要性

营销中介是指为企业营销活动提供各种服务的企业或部门的总称。

营销中介对企业营销产生直接的、重大的影响，只有通过有关营销中介所提供的服务，企业才能把产品顺利地送到目标消费者手中。营销中介的主要功能是帮助企业推广和分销产品。

2. 营销中介包括的主要对象

营销中介是协助公司推广、销售和分配产品给最终买主的那些企业，包括中间商、营销服务机构（服务代理商）、实体分配公司及金融机构等。

1）中间商

中间商是协助公司寻找顾客或直接与顾客进行交易的商业企业。中间商分两类：代理中间商和经销中间商。代理中间商（如代理人、经纪人）专门介绍客户或与客户磋商交易合同，但并没有商品持有权。经销中间商（如批发商、零售商和其他再售商）购买产品，拥有商品持有权，再售商品。中间商对企业的产品从生产领域流向消费领域具有极其重要的

影响。在与中间商建立合作关系后，要随时了解和掌握其经营活动，并可采取一些激励性合作措施，推动其开展业务活动，而一旦中间商不能履行其职责或市场环境发生变化，企业应及时解除与中间商的关系。

2）营销服务机构（服务代理商）

市场营销服务机构指市场调研公司、广告公司、财务代理、税务代理、各种广告中介及市场营销咨询公司，它们协助企业选择最恰当的市场，并帮助企业向选定的市场销售产品。有些大公司，如杜邦公司和老人牌麦片公司，都有自己的广告代理人和市场调研部门。但是，大多数公司都与专业公司以合同方式委托办理这些事务。但凡一个企业决定委托专业公司办理这些事务时，它就需谨慎地决定选择哪一家，因为各个公司都有自己的特色，所提供的服务内容不同，服务质量不同，要价也不同。企业还得定期检查他们的工作，倘若发现某个专业公司不能胜任，则须另找其他专业公司来代替。

3）实体分配公司

实体分配公司协助公司储存产品并把产品从原产地运往销售目的地。仓储公司是在货物运往下一个目的地前专门储存和保管商品的机构。每个公司都需确定应该有多少仓位自己建造，多少仓位向存储公司租用。运输公司包括从事道路运输、汽车运输、航空运输、驳船运输以及其他搬运货物的公司，它们负责把货物从一地运往另一地。每个公司都需从成本、运送速度、安全性和交货方便性等方面进行综合考虑，选用那种成本最低而效益更高的运输方式。

4）金融机构

金融机构指企业在营销活动中进行资金融通的机构，包括银行、信托公司、保险公司等。金融机构的主要功能是为企业营销活动提供融资及保险服务。在现代社会中，任何企业都要通过金融机构开展经营业务往来。金融机构业务活动的变化还会影响企业的营销活动，比如银行贷款利率上升，会增加企业成本；信贷资金来源受到限制，会使企业经营陷入困境。

（三）顾客

1. 顾客的重要性

顾客是指使用进入消费领域的最终产品或劳务的消费者和生产者，也是企业营销活动的最终目标市场。顾客对企业营销的影响程度远远超过前面的环境因素。顾客是市场的主体，任何企业的产品和服务，只有得到了顾客的认可，才能赢得这个市场，现代营销强调把满足顾客需要作为企业营销管理的核心。

2. 顾客的市场类型

1）消费者市场

这是指为满足个人或家庭消费需求购买产品或服务的个人和家庭。

2）生产者市场

这是指为生产其他产品或服务，以赚取利润而购买产品或服务的组织。

3）中间商市场

这是指购买产品或服务以转售，从中营利的组织。

4）政府市场

这是指购买产品或服务，以提供公共服务或把这些产品及服务转让给其他需要的人的政府机构。

5）国际市场

这是指国外那些购买产品或服务的个人及组织，包括外国消费者、生产商、中间商及政府。

（四）竞争者

1. 竞争者的重要性

竞争是商品经济的必然现象。在商品经济条件下，任何企业在目标市场进行营销活动时，不可避免地会遇到竞争对手的挑战。即使在某个市场上只有一个企业在提供产品或服务，没有"显在"的对手，也很难断定在这个市场上没有潜在的竞争对手。

企业竞争对手的状况将直接影响企业的营销活动。如竞争对手的营销策略及营销活动的变化就会直接影响企业营销，最为明显的是竞争对手的产品价格、广告宣传、促销手段的变化，以及产品的开发、销售服务的加强都将直接对企业造成威胁。为此，企业在制定营销策略前必须先弄清楚竞争对手，特别是同行业竞争对手的生产经营状况，做到知己知彼，有效地开展营销活动。

2. 对竞争者分析的内容

一般来说，企业在营销活动中需要对竞争对手了解和分析的情况如下：

（1）竞争企业的数量；

（2）竞争企业的规模和能力的大小强弱；

（3）竞争企业对竞争产品的依赖程度；

（4）竞争企业所采取的营销策略及其对其他企业策略的反应程度；

（5）竞争企业能够获取优势的特殊材料来源及供应渠道。

三、企业的宏观环境概述

1-2-3 企业的宏观环境课件　　　　1-2-4 企业的宏观环境微课视频

市场营销就是对外部环境发生的变化进行主动的预测并做出积极的反应。宏观环境里有一些无法控制的因素对企业构成了一系列的潜在威胁，但也提供了潜在机会。因此，宏观环境又叫间接环境，主要包括政治法律环境、社会文化环境、经济环境和科技

环境等。宏观环境的变化往往先于微观环境的变化，通常会直接地或间接地对企业产生影响。

四、企业宏观环境的主要因素

宏观环境主要包括人口、经济、自然、政治与法律、科技、社会文化六大要素，具体如图1－2－2所示。（此部分内容与任务1－2部分内容有重复，是对重复内容的细化）

图1－2－2　企业宏观环境的主要因素

（一）人口环境

人口是构成市场的第一因素，因为市场是由有购买欲望和购买能力的消费群体组成的。人是市场的主体，市场营销所指的市场是有购买意愿和购买能力的人群的集合。人口的多少直接决定市场的潜在容量，人口越多，市场规模就越大。而人口的年龄结构、地理分布、婚姻状况、出生率、死亡率、人口密度、人口流动性及其文化教育等人口特性会对市场格局产生深刻影响，并直接影响企业的市场营销活动和企业的经营管理。因此，人口环境要素包括人口数量、人口结构、人口迁移、人口增长、人口的地理分布等细分要素（以下只简述其中三种）。

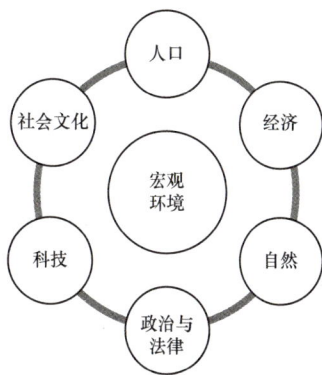

1. 人口数量

人口数量与增长速度影响企业的营销活动。首先，人口数量是决定市场规模和潜在容量的一个基本要素，人口越多，如果收入水平不变，则对食物、衣着、日用品的需要量越多，那么市场也就越大。因此，按人口数量可大略推算出市场规模。我国人口众多，对汽车销售行业无疑是一个巨大的市场。人口增加，其消费需求会迅速增加，那么市场的潜力也就会很大。

2. 人口结构

人口结构主要包括人口的年龄结构、性别结构、家庭结构、社会结构和民族结构。

1）年龄结构

不同年龄的消费者对汽车产品的需求不一样。随着"90后""00后"年轻人的出现，这批消费群体对汽车用品的需求都较传统的一代人有较大区别。

2）性别结构

性别结构反映到汽车消费市场上就会出现用户需求上的区别，例如，女性通常对舒适性、外观更为关注。

3）家庭结构

家庭是购买、消费的基本单位。家庭的数量直接影响到某些商品的数量，欧美国家的家庭规模基本上为户均3人左右，亚非拉等发展中国家为户均5人左右。家庭数量的剧增必然会引起人们对车型等需求点的变化，例如随着我国二胎政策的放开，家庭对7座车型的需求量会逐步变大。

4）社会结构

我国人口绝大部分在农村，农村人口约占总人口的 80%，这一社会结构的客观因素决定了企业在国内市场中，应当以农民为主要营销对象，市场开拓的重点也应放在农村。随着农村经济的发展，其对车辆的需求也在逐步改善，企业应针对这些变化开展更为合适的营销活动。

5）民族结构

民族不同，其生活习性、文化传统也不相同。因此，企业营销者要注意民族市场的营销，重视开发适合民族特性、受其欢迎的商品。

3. 人口的地理分布

人口的地理分布指人口在不同地区的密集程度，人口的地理分布及区间流动影响企业的营销活动。人口的地理分布表现在市场上，就是人口的集中程度不同，则市场大小不同；消费习惯不同，则市场需求特性不同。目前，我国人口还是保持着农村向城市流转的特征，对于人口流入较多的地方而言，由于劳动力增多，就业问题突出，从而加剧行业竞争；另一方面，人口增多使当地基本需求量增加，消费结构也发生一定的变化，继而给当地企业带来较多的市场份额和营销机会。

（二）经济环境

宏观经济研究的是消费者、企业和政府的累积行为。它考虑的是总的或是平均的价格水平，而不是某一种产品的价格，关注的是整个社会的总产出、总收入和总支出。经济增长率也是一个很重要的问题，因为周期性的循环波动与之如影随形。

尽管宏观经济关注的是社会总量，而且一般企业几乎没有影响宏观经济的能力，但是，各企业还是必须认真地考虑这个环境。例如，投资决策、推出新产品的时间、增加员工或是解雇员工，这些都必须根据大的经济环境来决定。意想不到的利率或汇率波动也很可能会把预期的利润变成亏损。

经济是一个很复杂的系统，能够诊断出当前经济问题，预测到政策变化方向的市场推广者会比其竞争对手拥有更大的竞争优势。政府使用一系列的经济指标来决定政策的变化、监控政策的有效性，独立的中央银行在决定利率政策之前也需要用到这些指标。如果这些指标公布以后，与人们的期望相去甚远，股票市场就可能产生强烈的反应，导致对一国经济进行根本性的重新审视。这些指标对企业制定他们未来的市场计划和决策也同样非常重要。人们已经看到，政府有一系列的目标，但可能面临着这样的问题：实现某一个目标可能与实现其他目标相冲突。所以，为了实现所有的目标，就应该根据目标来制定政策。

经济因素在市场营销方面集中表现为购买能力，而购买能力决定于消费者的收入状况、支出模式、消费结构、储蓄与信贷等。

（三）自然环境

自然环境构成了人们的社会生活和经济生活的背景。增长的经济必须从这个支持生命的系统中索取一部分必需的投入。自然环境对汽车企业市场营销的影响如下：

1. 自然资源的短缺日趋严峻，这将是长期约束汽车企业市场营销活动的一个条件

由于汽车生产和使用需要消耗大量的自然资源，汽车工业越发达，汽车普及程度越高，汽车生产消耗的自然资源也就越多；而自然资源的数量是有限的，这样将会使地球上许多非再生资源逐渐枯竭，资源短缺现象将长期存在，从而对汽车工业的发展形成非常大的制约力量。

2. 能源成本上升

受到经济等多方面因素的影响，人工等附加成本日趋上升，导致能源开采成本上升。

3. 环境污染严重，加强环境保护对汽车的性能提出了更高的要求

生态环境随着人类社会生产、生活水平的提高而不断恶化，由于公众对环境问题的关心，促使政府在保护环境方面加强了干预力度。世界上的环保标准日趋严格，对汽车的环保要求也越来越高，这必然增加企业开发产品的难度和成本，对汽车企业的市场营销活动产生重要影响。

从市场学的角度来看，自然环境是一个具有潜在价值但并不是很稳定的市场，比如绿色消费者声称他们想要的产品和他们实际购买的产品之间存在着行动知觉上的差距。不同类型的人也有着不同的知觉程度，孩子和妇女比男人对环境的知觉更强。

（四）政治与法律环境

政治与法律环境是指企业经营活动所处的外部政治、法律形势和状况。一般分为国际政治法律环境和国内政治法律环境两部分。

1. 政治环境

政治环境指汽车企业市场营销的外部政治形势。国内的政治形势稳定，不仅有利于国民经济发展和国民收入的增加，而且有利于汽车客户消费心理的稳定，避免汽车市场需求的动荡。政府的方针和政策规定了国民经济的发展方向和速度，也直接关系到社会购买力的提高和市场消费需求的增长变化。同时，汽车企业应充分了解国际政治环境对企业营销活动的影响。

2. 法律环境

法律环境指国家或地方政府颁布的各项法规、法令和条例等。法律环境对市场需求的形成和实现具有一定的调节作用。

法律环境对企业经营活动有限制作用。近几年来，世界各国通过了许多有关工商业行为、规范方面的法律，这些法律覆盖竞争、公平交易行为、产品安全、广告真实性、包装与标签、定价及其他重要领域。

国家政策和法律对工商业起保护作用。政治与法律将随新的经济形势的变化而不断变化。汽车企业管理人员在制定产品及其营销计划的时候，必须注意这些变化。

社会规范和商业道德对企业起约束作用。除法律和规章以外，企业也要受社会规范和商业道德的约束。一方面，形成文字的法律法规不可能覆盖所有可能产生的市场弊端，而现有法律也很难全部执行；另一方面，大量出现的商业丑闻使人们重新重视社会规范和商业道德对约束企业行为的作用。因此，许多行业和专业贸易协会提出了关于道德规范的建议，许多公司制定了关于复杂的社会责任问题的政策和指导方针等。

（五）科技环境

科技环境是指一个国家和地区整体科技水平的现状及其变化。科学与技术是社会生产力中最活跃的因素。科技环境作为汽车企业营销活动宏观环境的一个重要组成部分，不仅直接影响企业内部的生产经营，还同时与其他环境因素互相依赖、互相作用，所以科技环境对汽车市场营销的影响，不仅是直接的，而且是非常显著的。科技环境对市场营销的影响主要在以下几个方面：

（1）科技进步对汽车企业的市场营销活动可能造成直接或间接的冲击。

（2）汽车企业通过在汽车开发生产中应用新科技，使新产品的开发速度加快，成本降低，汽车产品的市场竞争力得以提高。而今，汽车生产的柔性多品种乃至大批量定制是世界各大汽车公司为了满足日益明显的差异需求所采取的措施，这都是现代组装自动化、柔性加工、计算机网络技术发展和应用的结果。再从汽车产品来看，汽车在科技进步的作用下，已经经历了原始、初级和完善提高等几个发展阶段，汽车产品在性能、质量、外观设计等方面获得了长足的进步。

（3）科技进步对汽车企业提高服务质量和工作效率的影响重大。当今世界汽车市场的竞争非常激烈，几大汽车跨国公司基本上已经瓜分完世界汽车市场，这几大汽车公司十分注重高新技术的研究和应用，以保持在未来市场中的竞争力。我国汽车工业的科技水平与几大跨国公司的差距非常大，只有不断地加强科技研究和投入，才能缩小同世界汽车工业先进水平的差距，赢得我国汽车企业发展的主动权。

（六）社会文化环境

社会文化环境是指一个国家或地区的民族特征、价值观念、生活方式、风俗习惯、宗教信仰、伦理道德、教育水平、语言文字等的总和。在市场营销中，文化因素是影响人们购买行为和欲望的最重要因素，所以企业必须对社会文化环境给予特别重视。同时应该了解文化对企业营销的影响是多层次、全方位、渗透性的。文化包括核心文化和亚文化。核心文化是占据支配地位的，起着凝聚整个国家和民族的作用，是由千百年的历史所形成的文化，包括价值观、人生观等；亚文化是在主体文化支配下所形成的文化分支，包括种族、地域、宗教等。文化环境通过间接、潜移默化的方式对企业营销组合、消费者的消费心理、消费习惯进行影响。

社会文化环境影响着企业的营销活动。同时，营销活动对社会文化环境也有一定的能动作用。

五、市场营销环境的组成

1-2-5　企业汽车市场营销环境分析课件　　　　1-2-6　企业汽车市场营销环境分析微课视频

汽车市场营销环境是指在营销活动之外，能够影响营销部门建立并保持与目标顾客良好关系的各种因素和力量。营销环境既能为企业提供机遇，也能造成威胁。汽车市场营销环境的组成如图1-2-3所示。

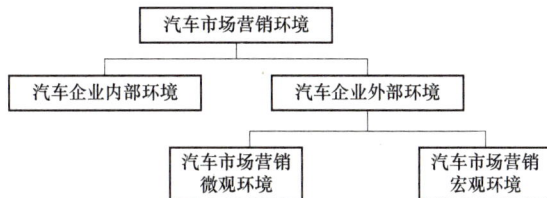

图1-2-3　汽车市场营销环境的组成

六、市场营销环境的特点

市场营销环境具有以下特点：

（一）客观性

客观性是市场营销环境的首要特征。营销环境的存在不以企业的意志为转移，主观地臆断某些环境因素及其发展趋势，往往会造成企业盲目决策，导致企业在市场竞争中惨败。

（二）动态性

营销环境是一个动态系统，它的各项因素不是一成不变的，必然受到多种因素的影响而处于变动之中。每一个汽车企业都可以作为一个小系统与市场营销环境这个大系统处在动态的平衡之中。例如，对汽车行业来说，研究消费者的工作要随时进行，因为他们对汽车的兴趣与爱好受到多种因素的制约，是省油、越野、豪华、便宜、外形新潮，还是外形传统？如此种种，时刻处于变动之中。

（三）多变性

影响汽车企业营销环境的因素很多，随着时代的发展，这些因素也在不断变化。

（四）复杂性

市场营销环境包括影响企业营销能力的一切宏观因素和微观因素，这些因素涉及多方面、多层次，而且彼此相互作用和联系，既有机会也有威胁，共同影响着企业的营销决策。

（五）有限性

企业面临的市场营销环境与其他事物一样，总是在一定的时间和空间发生的，对企业有影响的各项因素是有其地域性和时间性的。

（六）不可控制性

相对于企业内部管理的机能来说，市场营销环境是企业无法控制的外部影响力量。例如，无论是直接营销环境中的消费需求特点，还是间接环境中的人口数量，企业都无法加以控制和决定。

七、市场营销环境的分析方法

（一）SWOT 分析法

SWOT 分析法是市场营销环境分析方法中最常用的一种方法，它是英文 Strength（优势）、Weak（劣势）、Opportunity（机会）、Threaten（威胁）的组合。SWOT 分析是一种对企业的优势、劣势、机会和威胁进行的分析，在分析时，应把所有的内部因素（包括公司的优势和劣势）都集中在一起，然后用外部的力量对这些因素进行评估。外部力量包括机会和威胁，它们是由竞争力量或企业环境中的趋势所造成的。

1. 外部环境分析

任何一个企业，在它整个运作过程中，总是存在着不同的机遇和挑战。它们有可能成为企业进一步发展的动力，也有可能成为制约企业发展的关键因素，直接影响企业的营利程度和市场地位。因此，准确地确认企业的机会和威胁，对制定企业经营战略有着极其重要的作用。

企业的外部威胁主要表现为以下几种情况：

（1）市场将出现更为强劲的对手。

（2）市场将出现其他类似的产品，替代品将直接影响企业的市场份额。

（3）汇率和外贸政策的不利变动。

（4）人口特征、社会消费方式的不利变动。

（5）客户或供应商的谈判能力提高。

（6）市场需求减少。

（7）地区经济发展停滞，经济萧条。

不管是遇到以上哪一种情况，企业管理者都应当及时确认，尽快作出评价并采取相应的战略行动来抵消或减轻它们所带来的影响。

2. 内部环境分析

波士顿咨询公司的负责人乔治·斯托克提出，能获胜的公司是取得公司内部优势的企业，而不仅仅是只抓住公司的核心能力。影响企业内部环境的因素有很多，主要体现在以下几个方面：

（1）缺乏具有竞争意义的技能技术。

（2）缺乏有竞争力的有形资产、无形资产、人力资源、组织资产。

（3）关键领域里的竞争能力正在丧失。

（4）缺乏合理的管理模式和管理方法。

很多企业非常重视外部环境对企业的影响，却经常忽略内部环境因素的制约。其实企业的内部环境才是企业发展的根本，很多时候企业发展慢并不是因为它们的产品缺少竞争力，也不是它们的员工不卖力，而是因为企业内部部门相互之间不能很好地协调配合。

例如有些汽车技术人员会轻视销售人员，认为他们"不懂技术，只会耍耍嘴皮子"；而销售人员又看不起服务人员，认为他们是"不会做生意的推销员"，出现这种相互贬低的现象，造成一种恶性循环。对任何一个企业而言，部门之间的和谐发展、员工之间的团队精神、员工对自己企业的热爱是企业解决一切内部环境问题，让企业长远发展的关键所在。

客观分析企业所存在的内外影响因素，找到和解决企业所存在的问题至关重要，但发现并解决企业所存在的所有问题，化劣势为优势，并不一定是最好的解决途径。对企业而言，解决问题的关键在于很好地分析企业所拥有的优势和劣势，使它能很好地融合于企业的发展计划中，在保证自己优势的同时，去获取和发展新的机遇。

（二）SWOT 分析的主要内容

1. 优势、劣势分析（SW 分析）

优势、劣势分析又称为内部环境分析，是指站在现有潜在客户的角度，通过对企业自身的审视，对影响汽车营销活动和业务发展的各种内部因素进行分析，找出其拥有的优势和劣势，确定企业市场地位的过程。优势、劣势分析的方法是将进行优势、劣势分析所需要的信息资料收集完成后，将企业的各项能力用数量指标表示出来，从而了解企业的优势、劣势所在。

企业在维持竞争优势的过程中，必须深刻认识自身的资源和能力，采取适当的措施。因为，一个企业一旦在某一方面具有竞争优势，势必会吸引到竞争对手的注意。一般来说，企业经过一段时期的努力，建立起某种竞争优势；然后企业就处于维持这种竞争优势的态势，竞争对手开始逐渐作出反应；而后，如果竞争对手直接进攻企业的优势，或采取其他更为有力的策略，就会使这种优势受到削弱。

2. 机会、威胁分析（OT 分析）

机会、威胁分析属于外部环境分析。

机会分析矩阵如图 1-2-4 所示。

第一类机会是最令人向往的，吸引力大且成功概率高。吸引力大，表明汽车营销活动的影响很大，同时在此项业务上成功的可能性也很大，应抓住这样的良机来加速发展。

第二类机会是应谨慎考虑的，吸引力大但成功概率不高。虽然这类机会的吸引力很大，但成功的可能性小，不宜盲目跟风行动。

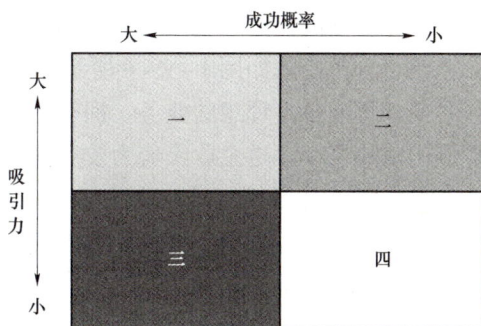

图 1-2-4　机会分析矩阵

第三类机会是要着力分析的，吸引力小但成功概率高。虽然这类机会的吸引力不大，但成功的可能性很大，此时应该深入进行效益分析，如果发现利用这一机会获得的收益大于付出的成本，也可以考虑利用这一机会，促进企业营销活动的开展。

第四类机会是不应考虑的，因为这类机会对营销活动的影响不大，企业利用这一机会的成功概率很小。

这里要说明的是，机会所处的位置是变化的，第二类机会可能会因自身的某些改变而变为第一类，第一类机会也可能因环境因素的相互作用而变成第三类。企业应做好环境监测，更好地利用机会推动企业的发展。

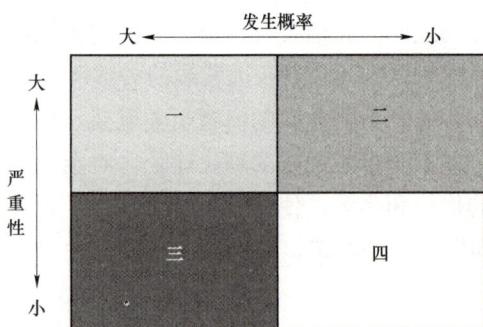

图 1-2-5　威胁分析矩阵

威胁分析矩阵如图 1-2-5 所示。

第一类威胁要高度重视并着力化解。这类威胁对汽车企业营销活动的影响很大，同时发生的可能性也很大。因此，对于这类威胁，一方面，要密切地监控；另一方面，要形成一套良好的常备反应机制，在威胁来临时迅速将其化解，将损失减到最小。

第二类威胁对汽车企业营销活动的影响很大但发生的可能性小。对这类威胁，要有一套灵敏的预警机制，不能因为其发生的可能性小而忽略它，同时还要有良好的应对措施。

第三类威胁是汽车企业在生产经营过程中经常遇到的，它对企业营销活动的影响很小，但是发生的可能性大。对这类威胁，企业要及时解决，不能因为其影响力不大而搁置起来，不然很可能会发生变化，造成巨大的影响。

第四类威胁对汽车企业营销活动的影响不大，发生的可能性也不大。对这类威胁，要注意其动向，一经发现就及时解决，避免其转移为其他形式的威胁。

与机会一样，威胁也是会发生变化的，如第三类威胁可能因人们的不予理睬而变成第一类，第二类威胁也可能因为应对措施得当而转化为第四类。

3. 综合分析

将机会分析与威胁分析结合起来，并将其运用到汽车企业的营销活动中，就可以了解这项业务所处的外部环境，从而为相关的营销决策提供依据。

综合分析矩阵如图 1-2-6 所示。

第一类业务是理想的业务，拥有的机会多，受到的威胁又少，是企业应着力发展的业务。

第二类业务所拥有的机会虽多，但受到的威胁也很多，是风险类业务，企业应慎重考虑，做好风险收益分析。

第三类业务所面临的机会与威胁都很少，一般是已经成熟的业务。企业在这类业务中所占的市场份额如果较大，则可以加强发展，新加入者不适宜开展这类业务。

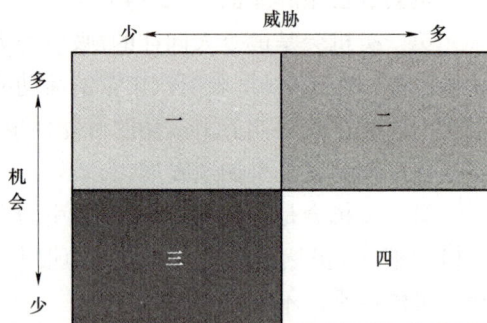

图 1-2-6　综合分析矩阵

第四类业务是企业不愿做的业务，面临的威胁很多，拥有的机会却很少，是企业经营中的麻烦业务，企业可以考虑从这类业务中撤出。

通过对机会和威胁的分析，汽车营销人员就能够清晰地了解企业所处的外部环境，再根据企业的情况进行恰当的营销策划，就可以推动企业营销活动的发展。

八、汽车企业适应环境变化的策略

对汽车企业营销最大的挑战来自不断变化着的营销环境。汽车企业的成功原因固然不尽相同，但有一点是共同的，即能抓住汽车企业市场营销环境中的机会，适应环境变化，并能预测环境发展的趋势，主动调整营销战略。而环境变化所带来的威胁，一般不为汽车企业所控制，但汽车企业可冷静地分析环境的变化，采取不同的策略沉着应付。面对环境威胁，汽车企业可以采取以下三种策略：

（一）促变策略（对抗策略）

这种策略要求尽量限制或扭转不利因素的发展。比如汽车企业通过各种方式促使或阻止政府或立法机关通过或不通过某项政策或法律，从而赢得较好的政策法律环境。显然企业在采用此种策略时必须以企业具备足够的影响力为基础，一般只有大型企业才具有采用此种策略的条件。此外，企业在采取此种策略时，其主张和所作所为，不能倒行逆施，而应同潮流趋势一致。

（二）减轻策略

即通过市场营销组合来增强对环境的适应，以减轻环境威胁的严重性。此种策略适宜于企业在不能控制不利因素发展时采用。它是一种尽量减轻营销损失程度的策略。一般而言，环境威胁只是对企业市场营销的现状或现行做法构成威胁，并不意味着企业就别无他途。企业只要认真分析环境变化的特点，寻找到新的营销机会，及时调整营销策略，不仅能减轻营销损失，而且能谋求更大的发展。

（三）转移策略

这种策略要求企业将面临环境威胁的产品转移到其他市场上去，或者将投资转移到其他更为有利的产业上去。如汽车公司面对竞争激烈的行业环境，将部分资金投入房地产、烟草等其他行业，实行多角化经营。

在分析评价环境时，企业应特别注意分析那些表面上看起来对企业产生较大威胁，而同时又潜藏着某些机会的环境，以便及时将环境威胁转化为企业的机会。企业决策层要根据对环境的变化评价结果，迅速调整有关营销决策，使企业营销活动与环境变化保持动态平衡。

九、案例分析

案例

1992年，通用公司只有其德国子公司欧宝公司盈利。该公司盈利的原因就在于其供应部最高经理罗佩茨先生的采购才能，使欧宝公司从价格低廉的配套零部件中受益。大众汽车公司为摆脱不景气的局面，不惜重金，于1993年将罗佩茨挖走，任命其担任供应董事，希望借此扭转大众汽车公司的亏损状况。就连大众汽车公司董事长也说："就大众汽车公司而言，罗佩茨的重要性比我还高。"

【思考】

（1）此案例说明了什么问题？

（2）汽车企业所需要的供应商有哪些？

（3）企业如何与供应商建立良好的关系？

任务实施

要准确理解企业的营销环境概念，建议采取如下学习方法：

（一）在线学习

登录"汽车营销与服务专业教学资源库"，选定《汽车营销技术》课程中的市场营销环境分析的相关知识，观看微课教学视频，并完成相应的进阶训练，在微课学习中如有疑问，可在线提问，与教师互动交流。

（二）手册学习

认真学习《〈汽车营销技术〉学生学习手册》，进一步掌握企业营销环境的知识和技能，完成"难点化解"题目。

（三）模拟训练

假定你是陈晨，与学习小组成员商讨如何进行微观和宏观环境分析，并在课堂上展示。同时，注意观察其他组的展示情况，并将所见所闻记录在本任务书的"课堂记录"一栏中。

（四）课后评价

课后完成拓展任务、拓展训练，在小组内将自己的训练过程拍摄成微视频（或照片）上传到资源库平台，并与其他学习小组进行互动评价。

拓展提升

一、拓展任务

1. 李磊是一名新上岗的销售顾问，不太会利用有力的政策导向来促成交易，为了避免碰到李磊的尴尬，请你主动收集5个以上案例，来说明宏观因素对销售的正面引导。同时，每组派两位选手上台展示。

2. 比亚迪在2016年10月12日新上市一款全新紧凑型SUV车型，该车提供1.5 T、2.0 T汽油发动机以及插电式混合动力系统，其中燃油版车型的售价区间为9.69万～14.69万元。请结合相应理论知识点对该车进行市场环境分析，并总结相应话术。分小组完成，每组派两位同学上台展示。

二、拓展训练

1. 假设你是奥迪 A6 的销售顾问，请问该款车型的竞品有哪些？
2. 请列举我国南北方文化差异，并结合实际销售情况进行销售技巧讨论。
3. 收集环境因素资料可以采取哪些方法？
4. 请到 4S 店观摩学习。

拓展学习

在线测试

成果提交

三、案例分析

任务 1 企业的微观
营销环境案例

任务 2 企业的宏观
营销环境案例

任务 3 企业汽车市
场营销环境分析
案例 1

任务 3 企业汽车市
场营销环境分析
案例 2

任务 3 企业汽车市
场营销环境分析
案例 3

四、训练习题

任务 1 企业的微
观营销环境训练
习题

任务 2 企业的宏观
营销环境训练
习题

任务 3 企业汽车
市场营销环境分析
训练习题

任务 1−3　目标市场营销战略

任务引入

　　市场细分有助于销售顾问更好地确定目标市场，挖掘市场机会，提升销售业绩。目标市场与市场细分紧密相连，精准把握目标市场，可以让销售顾问在实际销售过程中更有针对性。而市场定位则是指企业根据竞争者现有产品在市场上所处的位置，针对顾客对该类产品某些特征或属性的重视程度，为本企业产品塑造与众不同的、给人印象鲜明的形象，并将这种形象生动地传递给顾客，从而使该产品在市场上确定适当的位置。掌握市场定位对提升销售人员的业绩意义重大。所以本任务将重点进行市场细分、目标市场选择和市场定位分析，为学生顺利走上工作岗位打下基础。

任务描述

　　陈晨是新上岗的一汽−大众奥迪销售顾问，陈晨的销售业绩不是很理想，在销售经理的帮助下，陈晨认识到自己的核心问题在于对目标市场的把握不精准。在经理的激励下，陈晨决定解决问题，改变现状。让我们一起来帮助陈晨，让他能更精准地把握目标市场。

任务目标

　　1. 专业能力
　　（1）能明确市场细分的定义和意义；
　　（2）能制定细分策略；
　　（3）能明确目标市场的定义和意义；
　　（4）能进行目标市场策略的选择；
　　（5）能明确市场定位的定义和内容；
　　（6）能进行市场定位影响因素分析。

2．社会能力

（1）能运用营销基础理论处理工作上的相关问题；

（2）能树立服务意识、效率意识、规范意识；

（3）能强化人际沟通能力、客户关系维护能力；

（4）具有维护组织目标实现的大局意识和团队能力；

（5）具有爱岗敬业的职业道德和严谨务实勤快的工作作风；

（6）具有自我管理、自我修正的能力。

3．方法能力

（1）具有利用多种信息化平台进行自主学习的能力；

（2）具有制订工作计划、独立决策和实施的能力；

（3）具有运用多方资源解决实际问题的能力；

（4）具有准确的自我评价能力和接受他人评价的能力；

（5）具有自主学习与独立思考的能力。

相关知识

一、市场细分概述

| 1-3-1 市场细分课件1 | 1-3-2 市场细分课件2 | 1-3-3 市场细分课件3 | 1-3-4 市场细分微课视频 |

市场细分是美国市场营销学家温德尔·斯密于 20 世纪 50 年代中期首先提出的一个新概念。20 世纪 50 年代，许多企业以市场营销观念作为经营管理的指导思想。以消费者为中心的市场营销观念，在实际应用中必须首先解决一个基本问题，即何处是市场。为解决这一问题，不少企业在实践中从满足消费者的不同需求出发，有针对性地提供不同的产品，并且运用不同的分销渠道和广告宣传形式，开展市场营销活动。如美国宝洁公司发现顾客需要洗涤不同织物的肥皂，于是改变了原来经营单一肥皂的做法，推出 3 种不同性能、不同名字的洗衣皂，从而满足了不同消费者的需要，提高了竞争能力，取得了很高的市场占有率。温德尔·斯密就是在总结这些经验的基础上提出了市场细分的新概念。这个概念一提出，就受到了企业管理界和学术界的重视，并迅速广为利用。市场细分是市场营销中最重要的概念之一。从营销管理的角度来看，选择适当的目标市场对开发成功的营销方案是至关重要的。

（一）市场细分的含义

市场细分就是根据市场需求和购买行为的差异性，将某一市场（顾客群）划分为若干个不同子市场的过程。市场细分后所形成的具有相同需求的顾客群体称为细分市场。在同类产品市场上，同一细分市场的顾客需求具有较多的共同性，不同细分市场之间的需求具有较多的差异性。

理解市场细分的含义要注意以下几点：

1. 市场细分不同于市场分类

尽管市场细分和市场分类都把特定的整体市场划分成不同的部分，但两者的含义完全不同。

2. 市场细分不是产品细分

市场细分的立足点是市场需求和购买行为的不同，而不是产品的不同。因此市场细分并不是对产品的划分，而是对顾客群的划分。如果仅仅是对产品的区分，那么市场细分又会回到产品差异营销的老路上。

3. 市场细分是子市场之间求异存同、子市场内部求同存异的过程

市场细分是指企业在市场调研的基础上按照购买者在需要、爱好、购买动机、购买行为、购买能力等方面的差异，运用系统方法把整体市场划分为两个以上不同类型的购买者群体，这一过程强调求异存同；再把每种需要或愿望大体相同的消费者，细分为某一子市场，这里强调求同存异。

（二）汽车市场细分的定义

所谓汽车市场细分，就是企业根据市场需求的多样性和客户购买的差异性，把整个市场划分为若干具有相似特征的客户群。每一个客户群就是一个细分市场，而每一个细分市场又包含若干细分市场。市场细分化就是分辨具有不同特征的客户群，把它们分别归类的过程。企业选择其中一个或若干个作为目标。市场之所以能够细分的前提是市场需求的相似性和差异性。

（三）市场细分的理论依据

市场细分主要有以下两个理论依据：

1. 顾客需求的异质性

也就是说，并不是所有的顾客需求都是相同的，只要存在两个以上的顾客，需求就会不同，由于顾客需求、欲望及购买行为是多元的，所以对顾客需求的满足呈现异质性，而顾客需求的异质性是市场细分的内在依据。

2. 企业资源的有限性和进行有效的市场竞争

企业由于受到自身实力的限制，不可能向市场提供能够满足一切需求的产品或服务。而且，任何一个企业，即使是处于市场领先地位，也不可能在市场营销全过程中占有绝对优势。为了进行有效竞争，企业必须进行市场细分，选择最有利可图的目标细分市场，集中企业资源，制定有效的竞争策略，以取得和增强竞争优势。所以，企业资源的有限性和进行有效的市场竞争是对市场进行细分的外在要求。

二、市场细分的作用

（一）有利于选择目标市场和制定市场营销策略

市场细分后的子市场比较具体，比较容易了解消费者的需求，企业可以根据自己的经营思想、方针及生产技术和营销力量，确定自己的服务对象，即目标市场。针对较小的目标市场，有利于制定特殊的营销策略。同时，在细分的市场上，容易了解和反馈信息，一旦消费者的需求发生变化，企业可迅速改变营销策略，制定相应的对策，以适应市场需求的变化，提高企业的应变能力和竞争力。

（二）有利于发掘市场机会，开拓新市场

通过市场细分，企业可以对每一个细分市场的购买潜力、满足程度、竞争情况等进行分析对比，探索出有利于本企业的市场机会，使企业及时作出投产、销售的决策或根据本企业的生产技术条件编制新产品开拓计划，进行必要的产品技术储备，掌握产品更新换代的主动权，开拓新市场，以更好地适应市场的需要。

（三）有利于集中人力、物力投入目标市场

任何一个企业的资源、人力、物力、资金都是有限的。通过细分市场，选择了适合自己的目标市场，企业可以集中人、财、物及资源，去争取局部市场上的优势，然后再占领自己的目标市场。

（四）有利于企业提高经济效益

通过市场细分，企业可以面对自己的目标市场，生产出适销对路的产品，既能满足市场的需要，又可增加企业的收入；产品适销对路可以加速商品流转，加大生产批量，降低企业的生产销售成本，提高生产工人的劳动熟练程度，提高产品质量，全面提高企业的经济效益。

三、汽车市场细分的标准

汽车市场细分的标准多种多样，下面介绍一些常见的细分标准。

（一）按地理位置细分

就是把市场分为不同的地理区域，如南方、北方、高原、山区等。因为各地区的自然气候、经济文化水平等因素影响消费者的需求和反应，所以在城市用的汽车和在山区用的汽车是有差别的。

（二）按人口特点细分

这是按照人口的一系列性质因素来辨别消费者需求的差异。就是按年龄、性别、家庭人数、收入、职业、教育程度、民族、宗教等性质因素来细分的，如在研究轿车市场时，就通常按居民的收入水平进行市场细分。

（三）按购买者心理细分

这是按照消费者的生活方式、个性等心理因素上的差别对市场加以细分。生活方式是指一个人或一个群体对于生活消费、工作和娱乐的不同看法或态度；个性不同，也会产生

消费需求的差异。因此，国外有些企业根据消费者的不同个性对市场加以细分。例如，有的市场学家研究发现，有活动折篷的汽车和无活动折篷的汽车的购买者的个性存在差异，前者比较活跃、易动感情、爱好交际，等等。

（四）按购买者的行为细分

所谓行为的细分化，就是根据客户对产品的认识、态度、使用与反应等行为将市场细分为不同的购买者群体。属于购买者行为的因素主要有以下几种：

1. 购买理由

按照购买者购买产品的理由而细分不同的群体，例如，有的人购买小汽车是为自己上下班用，有的是为了好玩。生产厂家可根据客户不同的需求理由提供不同的产品，以适应其需要。

2. 利益寻求

消费者购买商品所寻求的利益往往各有侧重，这也可作为市场细分的依据。这其中可能有追求产品价廉实用的，也有追求名牌的，或者是追求造型、颜色的等。

3. 使用者情况和使用率

对于消费品，很多市场可按使用者的情况细分为某一产品的未使用者、曾使用者、以后可使用者、初次使用者和经常使用者等类型。也可以按某一产品的使用率细分为少量使用者、中量使用者和大量使用者等类型。

4. 消费者的忠诚程度

消费者的忠诚包括对企业的忠诚和对产品品牌的忠诚，所以，消费者的忠诚程度也可作为细分的依据。

5. 待购阶段

消费者对各种产品特别是新产品，总处于不同的待购阶段，据此可将消费者细分为六大类：根本不知道该产品的、已经知道该产品的、知道得相当清楚的、已经发生兴趣的、希望拥有该产品的、打算购买的。按待购阶段不同对市场进行细分，便于企业针对不同阶段，运用适当的市场营销组合以促进销售。

6. 态度

消费者对于产品的态度可分为五种：热爱、肯定、冷漠、拒绝和敌意。对待不同态度的消费者应当结合其所占比例，采取不同的营销措施。

（五）按最终客户的类型细分

不同的最终客户对同一种产品追求的利益不同。企业分析最终客户，就可针对不同客户的不同需求制定不同的对策。如我国的汽车市场按客户类型，可分为生产型企业、非生产型企业、非生产型个人（家庭）、个体运输户等细分市场；还可分为民用、军用两个细分市场。

（六）按客户规模细分

根据客户规模，可将汽车市场划分为大、中、小三类客户。一般来说，大客户数目少但购买额大，对企业的销售市场有着举足轻重的作用，企业应特别重视，注意

保持与大客户的业务关系；而对于小客户，企业一般不应直接供应，可以通过中间商销售。

在大多数情况下，市场细分通常不是依据单一标准细分，而是把一系列划分标准结合起来进行细分，目标市场取各种细分市场的交集。例如我国某国有大型集团公司，主要生产各种重型汽车，其重型汽车在市场占据重要地位。为进一步开拓国内市场，市场部进行了市场细分并据此确定目标市场。在大的层次上，以省、直辖市为区域，按工业布局、交通发展、资源性质、原有集团产品保有量等情况，将国内市场细分为重要市场、需开发市场、需重点培育市场、待开发市场。如按行业类别划分市场，运输需求量大的煤炭、石油、金属等行业为重要市场，基础设施建设如高速公路建设、铁道建设、港口建设等为重点开发市场，远离铁路的乡镇矿山及采石场、乡镇小化肥厂等为需重点培育市场。可见，该市场在细分标准上就把重要程度、地理位置、行业分布、基础设施建设等标准结合起来进行细分。

四、汽车市场细分的方式

著名学者兰晓华认为市场细分有两种极端方式：完全市场细分与无市场细分，在这两种极端方式之间存在一系列的过渡细分模式。

（一）完全市场细分

所谓完全市场细分，就是市场中的每一位消费者都单独构成一个独立的子市场，企业根据每位消费者的不同需求为其生产不同的产品。从理论上说，只有一些小规模的、消费者数量极少的市场才能进行完全细分，这种作法对企业而言是不经济的。尽管如此，完全市场细分在某些行业，如飞机制造业等行业还是可行的，而且近几年汽车行业开始流行的订制营销就是企业对市场进行完全细分的结果。

（二）无市场细分

无市场细分是指市场中的每一位消费者的需求都是完全相同的，或者是企业有意忽略消费者彼此之间需求的差异性，而不对市场进行细分。

就消费者市场而言，细分变量归纳起来主要有地理环境因素、人口统计因素、消费心理因素、消费行为因素、消费受益因素等，针对这些因素，就有了地理细分、人口细分、心理细分、行为细分、受益细分这五种市场细分的基本方式。

五、市场细分的步骤

市场细分策略的实施是一个复杂而细致的工作，要有科学的细分程序与步骤。但企业进行市场细分，一般没有通用的标准，根据企业实践，通常需要经过以下几个基本步骤：

（一）选择与确定营销目标

选择与确定营销目标即我们所说的"干什么，卖什么，在哪里卖"的问题。在实际应用中，细分化策略往往是在一个已经划分出来的局部市场上进行的，或者是企业在新产品将要上市前进行的。为此，企业必须开展市场调查，分析市场动向，作出相应决策。

（二）根据市场细分的标准，列出消费者群体的需求情况

为此，企业要尽可能详细地列出消费者的需求情况，选择的根据可以借鉴以前营销活动的经验与结果，选择的标准可以是一个或两个以上标准的结合，总之，要针对需求的差异性细分市场。比如，一个汽车企业可能需要考察并按照人口统计因素和消费行为因素来细分家用汽车市场。

（三）初步细分市场

在这一步骤中，要挑选出具体的细分变量作为细分形式的分析单位，找出各类消费者的典型，分析他们的需求情况，从中找出最迫切的需求，然后按照细分变量进行初步细分。例如，上述的汽车企业决定采用人口统计因素中的"家庭收入"以及消费行为因素中的"追求利益"作为细分变量，而且确定以"高收入"结合"追求豪华生活方式""作为代步工具及运输工具"作为细分形式的分析单位。

（四）筛选

将企业的实际条件同各细分市场的特征进行比较，以剔除企业无条件拓展的市场，筛选出最能发挥企业优势的细分市场。这一步的首要工作是要设计调查表并组织调查工作，取得与已经选定的细分变量密切相关的数据以及其他相关资料。

（五）审查各细分市场的规模与性质，初步为细分市场命名

通过调查，各细分市场编排完成，接着就应该认真审查各细分市场的规模、竞争状态、发展潜力等，然后为细分市场命名，尽量用形象化的方法表示。如美国企业细分市场中有"学院市场"名称，其标志就是年龄与职业、教育程度等的结合。

（六）复核

再次检查各细分市场是否符合企业的实际情况，以便对各个细分市场进行必要的合并或分解，使之成为更有效益的目标市场。通过调查与分析可以发现，企业希望进入的细分市场不止一个，可是企业的资源与实际生产能力是有限的，因此，人们可以从可能盈利程度最高的角度出发或是从市场发展可能最大的角度出发，从高到低依次排序，选择目标市场。

（七）决定每个目标市场的规模，选定目标市场，设计营销策略

分析细分市场上消费者潜在购买力的大小以及需求发展程度，决定各细分市场的规模，并结合本企业的资源选定目标市场。然后，为选定的各个细分市场，有针对性地分别设计市场营销组合策略，如产品开发策略、价格策略、分销渠道策略、促销策略，使企业可以顺利进入该目标市场。

在以上七个步骤中，不一定每个步骤均要经过，但是，根据市场要求对影响消费者群体的因素加以调查研究，通过市场细分衡量每一个细分市场的经济性及其对企业的价值，继而针对目标市场制定可行的营销策略，这几步却是每个企业都忽略不了的。

六、目标市场定义

著名的市场营销学者麦卡锡提出应当把消费者看作是一个特定的群体，称为目标市场。通过市场细分，有利于明确目标市场，通过市场营销策略的应用，有利于满足目标市场的需求。即目标市场就是通过市场细分后，企业准备以相应的产品和服务满足其需求的一个或几个子市场。

七、选择目标市场的标准和方法

市场细分向企业展示了许多细分市场的机会，使企业可以对众多的细分市场进行评估，从中选择一个或数个作为自己的目标市场。评估选择不同的细分市场可以从以下四个方面进行：

（一）市场规模、份额与增长率

企业选择目标市场，第一个要回答的问题就是潜在细分市场的合理规模与增长特征。

细分市场的合理规模是相对而言的。大企业选择具有较大销售量的细分市场，避免进入较小的细分市场；而小企业则可能避免进入大市场。因为这需要大量的经营资源。一个细分市场的规模决定了一个特定企业是否值得进入。也许某个细分市场目前规模较小，但是可能随着某些因素的变化，却有着较大的高速增长的可能，这种市场也许是值得进入的，这种市场的影响因素有产业发展、经济的健康高速发展、消费观念的变化、收入的增加、政策的变化等；另外，细分市场规模的扩大也符合企业不断增加销售量与利润的要求。当然，竞争对手也会挤入增长率高的市场，争夺一份利润。

人们分析市场规模通常着眼于行业市场规模的分析，依托客户或消费者的均值消费量来估计整个行业的市场规模；企业依据自身的市场推广力度或市场的接受进度估计市场的增长率。而涉及市场份额的分析，主要是参考行业的集聚程度或与最大竞争对手的市场规模对比来确定特定企业的市场份额和比重。最著名的波士顿矩阵方法（Boston Matrix）就是采用市场增长率——市场份额、占有率来评价和选择相关战略业务单位的目标市场的。

（二）市场竞争特性

一个规模大、增长潜力高的细分市场也许对企业来说缺乏盈利的潜力。美国哈佛大学教授波特认为，一个市场的长期盈利前景取决于市场中五种竞争势力的相互运动。这五种竞争势力是细分市场中的竞争对手、替代品、潜在的进入竞争者、供应者和购买者。市场中竞争对手直接对抗的激烈程度表明了该市场竞争的强度状况。同行业内企业间竞争的激化，既可能刺激整个行业不断创新以兴旺发达，也可能使行业由于不正当竞争而陷入困境。但一般来说，成熟市场的竞争必然非常激烈，因为市场这块蛋糕已难以做大，各竞争企业为了保持已经占有的市场份额，或不至于被逐出市场而全力竞争，竞争手段层出不穷，高昂的竞争成本使行业平均利润下降。

就一个市场来说，实际的和潜在的替代品的存在将是一个有力的竞争势力。例如，在汽车销售过程中，传统车辆会受到新能源车辆的替代竞争。替代品将限定企业所生产销售产品的潜在价格与利润，引起产品市场销售额的下降。企业如果在这样的市场竞争，就必须考虑如何提高产品间使用的转换成本，从而减少替代品的攻击力。

在一个细分市场中，如果产品购买方拥有较高的讨价还价能力，那么这种细分市场就缺乏吸引力。同样，在一个细分市场中，如果产品供应方拥有较高的讨价还价能力，那么这种细分市场也是缺乏吸引力的。大多数企业对竞争者的分析主要是对现有竞争者的分析，并且分析往往停留在静态的基本实力分析上，不注重对现有竞争者的动态分析。实际上，对竞争者的分析重点应放在改变现有竞争态势的能力上。

（三）行业吸引力

一般来说，市场规模大、吸引力强的市场一定是竞争比较激烈的市场，企业选择这样的市场，要充分掂量自身的实力。对于一个市场来说，如果一个新的进入者带着新的生产能力和竞争要素很容易进入竞争，那么这种市场的吸引力通常不被看好。因为新进入者的威胁很大，换句话说，一个难以筑起进入障碍的市场，对企业来说是危险的，因为这容易招致竞争者进入而使竞争加剧，收益下降。这里的进入障碍主要有规模经济、竞争对手和顾客的经验曲线、产品差异性、资本需求、营销投入强度和买方转换成本等。一个企业抢先进入一个市场，树立起良好的品牌美誉度，与最好的中间商和零售商建立起直接的销售渠道关系，这就形成了有利的市场竞争地位，对其他企业来说就是一个非常高的进入障碍。

（四）与企业目标和资源的相融性

一个细分市场尽管可能规模足够大、增长潜力好、竞争结构具有吸引力，但也不一定就是企业必须选定的目标市场。企业还应该考虑自身的目标在这一细分市场中能否有效地实现，自身的资源与能力是否满足进入这一细分市场的条件。目前吸引力大的市场也许并不符合企业的长远目标，而与企业长远目标相符的细分市场也许与企业现有资源相融性不好。例如，企业进入一个细分市场，需要新建原材料的供应渠道，机器设备需要重新装备或更新，工人需要培训，技术人员需要学习，原有的销售渠道不能很好地利用，也没有可利用的品牌资产。显然，这样的细分市场企业是不值得进入的，除非有其他战略目的。企业应该选择自己具备竞争优势、能为消费者提供超值产品的细分市场。

很少有各方面的标准均满足的目标市场。选择目标市场的过程常常是各方利益权衡的一个过程。企业应该从上述标准出发，结合企业目标与营销战略以及长远发展的方向进行选择。

在目标市场的权衡选择中，以下 5 个准则值得考虑：

（1）目标市场的选择对企业现在和未来产品的适销对路有利，对未来发展有利，至少不应是一个包袱；

（2）能充分发挥企业自己特有的竞争优势；

（3）对企业其他市场有积极的正面影响；

（4）具有良好的区位优势；

（5）有助于强化企业的形象与声誉。如日本某公司在产品目录的最前面排的是汽轮机产品，但该产品是不赚钱的，之所以这样安排，是因为企业对形象与技术能力方面的考虑，因为汽轮机制造技术要求很高，能够生产该产品，表明企业具备了较高的技术能力。

八、目标市场选择策略

在评估细分市场的基础上，企业应该选择其中的一个或几个细分市场作为自己的目标市场。目标市场就是企业选择为之服务的对象，它可以指某一地理区域，但是更确切地说，应该是某一范围内的购买者，这些购买者具有共同的需求特征。常用的目标市场选择策略有以下五种：

（一）市场集中化

即企业选择一个细分市场，集中力量为之服务。较小的企业一般这样专门填补市场的某一空白。集中营销可使企业深刻了解该细分市场的需求特点，采用有针对性的产品、价格、渠道和促销策略，从而获得强有力的市场地位和良好的声誉，但同时隐含较大的经营风险。

（二）产品专门化

即企业集中生产一种产品，并向所有顾客销售这种产品。例如服装厂商向青年、中年和老年消费者销售高档服装，企业为不同的顾客提供不同种类的高档服装产品和服务，而不生产消费者需要的其他档次的服装。这样，企业在高档服装产品方面就树立了很高的声誉，但一旦出现其他品牌的替代品或消费者流行的偏好转移，企业将面临巨大的威胁。

（三）市场专门化策略

即企业专门服务于某一特定顾客群，尽力满足他们的各种需求。例如企业专门为老年消费者提供各种档次的服装。企业专门为这个顾客群服务，能建立良好的声誉。但一旦这个顾客群的需求潜量和特点突然发生变化，企业要承担较大风险。

（四）有选择的专门化策略

即企业选择几个细分市场，每一个对企业的目标和资源利用都有一定的吸引力。但各细分市场彼此之间很少或根本没有任何联系。这种策略能分散企业的经营风险，即使其中某个细分市场失去了吸引力，企业还能在其他细分市场盈利。

（五）完全市场覆盖

企业力图用各种产品满足各种顾客群体的需求，即以所有的细分市场作为目标市场，例如上例中的服装厂商为不同年龄层次的顾客提供各种档次的服装。一般只有实力强大的大企业才能采用这种策略。例如 IBM 公司在计算机市场、可口可乐公司在饮料市场开发众多产品，满足各种消费需求。

九、目标市场营销战略

（一）目标市场营销战略的类型

目标市场营销战略是企业在市场细分和评估的基础上，对拟进入的目标市场制定的经营战略。主要有以下几种类型。

1. 整体市场营销战略

这种战略就是要面对整个市场，为满足各个细分市场上的不同需要，分别为之设计不同的产品，采取不同的市场营销方案，分别向各个细分市场提供各种不同品种的汽车产品，并以所有的细分市场为目标的营销战略。这种战略比较适合于我国的大型汽车企业（集团），例如以宽系列、全品种发展汽车产品的营销战略便是面对各个细分市场的。

2. 密集性市场营销战略

这种战略是选择一个或少数几个细分市场作为目标市场，制定一套营销方案，集中力量为这一两个目标市场服务，争取在目标市场上占有大量份额。由于目标集中，产品更加适销对路，专业化经营，生产成本和营销费用降低。但这种战略也有风险，一旦市场发生变化，由于产品集中于此市场，很可能会使企业亏损。

这种战略最适于实力一般的中小型汽车企业，一些出口汽车企业在最初进入国外市场时也常采用此种战略，它们开始时以一个不被竞争者重视的细分市场为目标，集中力量在这个目标市场上努力经营，提供高质量的产品和服务，赢得声誉后，再根据自己的条件逐渐扩展到其他市场上去。据研究，日本、韩国的汽车公司大多数是运用了这种战略，才在国际汽车市场上取得惊人成绩的。

以上讨论的两种营销战略都是以市场细分为前提的，都属于差异性营销战略。在有些情况下，企业也可以采取无差异性营销战略。例如美国福特公司20世纪20年代前期所生产的T型车，在营销战略上就属此类。这种战略是针对市场共性的一种求同存异的营销战略。它的优点是节约生产和营销费用，可降低成本，但因产品单一，竞争能力差，不能满足客户的多方面需求。同样是T型车，在20年代后期就因形势变化、消费者的需求改变而导致企业损失惨重。

目前，对我国的家用轿车市场来说，影响市场需求的主要原因是价格过高和使用上的门槛太多。因此，国内企业在这个市场上就可以实行无差异性营销战略，生产出老百姓买得起的价廉物美的汽车。

（二）选择目标市场营销战略时应考虑的主要因素

企业在选择目标市场营销战略时，必须考虑到企业的实力、产品的差异性及所处生命周期阶段、市场的差异及市场规模、市场供求情况、竞争者的营销战略等因素对目标市场营销战略选择的影响。企业应以自身的优势选择营销战略。

1. 企业的实力

实力强，则采取差异性营销战略，否则宜采取无差异性营销战略。

2. 产品的差异性及所处的生命周期阶段

如果汽车产品的性能和结构差异性大，汽车企业就应采取差异性营销战略。同样，汽车产品生命周期不同，汽车企业亦应采取不同的营销战略。当产品处于市场导入期或成长期时，营销的重点应放在启发和巩固消费者的偏好上，在此阶段，汽车企业若精力有限，不必提供太多的品种，可采取无差异性营销战略或密集性市场营销战略。当产品处于成熟期时，由于市场竞争激烈，消费者需求也日益多样化，在此阶段，汽车企业可以改用差异性营销战略，大力发展新品种，以开拓新汽车市场，延长汽车产品生命周期，提高汽车企业的市场竞争能力。

3. 市场的差异及市场规模

如果汽车市场需求偏好、购买特点以及对营销刺激的反应等存在较大差别，宜采用差异性营销战略。此外，如果每一品种的汽车产品市场容量都不足以维持大量营销，汽车企业也应采取差异性营销战略。

4. 市场供求情况

市场供不应求时，可采用整体市场营销战略，甚至是采取不进行市场细分的无差异性营销战略，反之，则采用差异性营销战略。

5. 竞争者的营销战略

一般来说，某一汽车企业如果比竞争对手实力强，可采取差异性营销战略。差异的程度可与竞争对手一致或更强。如果某一汽车企业实力不及竞争对手，一般不应采取完全一样的营销战略。在此种情形下，汽车企业可采取密集性市场营销战略，坚守某一细分市场，也可采取差异性营销战略，但在差异性方面，应针对竞争对手薄弱的汽车产品项目形成自己的优势。

十、市场定位

1-3-9　市场定位课件　　　1-3-10　市场定位微课视频

市场定位是在 20 世纪 70 年代由美国营销学家艾尔·里斯和杰克·屈劳特提出的，其含义是指企业根据竞争者现有产品在市场上所处的位置，针对顾客对该类产品某些特征或属性的重视程度，为本企业产品塑造与众不同的、给人印象鲜明的形象，并将这种形象生动地传递给顾客，从而使该产品在市场上确定适当的位置。

市场定位（Marketing Positioning），简单而言，就是在市场中确定位置，也就是在顾客心目中确定位置。按照最早使用"定位"一词的美国广告专家艾尔·里斯和杰克·屈劳特的观点："定位并不是你对一件产品本身做些什么，而是你在潜在的顾客心目中做些什么。"

"定位可能导致产品名称、价格和包装的改变，但是这些外表变化的目的是保证产品在潜在顾客心目中留下值得购买的印象。"可见，从某种意义上来说，定位是一种抓心策略。要求企业从顾客心理出发，通过探求顾客心理，了解他们的想法，然后再塑造出与顾客心理或需要相符的企业产品或品牌的重要属性和典型形象，并向目标顾客传递的过程。因此，我们可以把市场定位理解为企业产品或品牌重要属性和典型形象的塑造与传播，以影响消费者的购买心理，相较于竞争对手（如果有的话），占据消费者更多的心理空间，以试图占据优势市场地位和更多市场份额的过程。具体可分解成产品定位和品牌定位两个层面的设定和考量。企业所要塑造的产品特色、个性和形象可以从产品实体上表现出来，如形状、成分、构造、性能等；也可以从消费者心理反映出来，如豪华、朴素、时髦、典雅等；还可以表现为价格水平、质量水准等。而企业的个性和形象可以从企业的使命、故事、形象、联系、价值和体验上反映出来。市场定位的成功，则以在目标顾客的头脑中有效形成一定的价值认知和产品或品牌形象记忆为研判标准。在这个意义上，市场定位也是企业以其产品或品牌对目标顾客的一种承诺。

一般来说，企业开展有效的市场定位活动，一是为了让自己的产品走进目标顾客的心里，以占据一定有价值的心理空间位置；二是为了排挤竞争者产品在目标顾客心中的价值空间。说到底，市场定位就是为了使本企业及企业产品在目标顾客心目中占据强有力的竞争位置，营销人员喜欢用直观销售统计表现出企业产品在目标市场占有强有力的竞争地位。

十一、市场定位的战略类型

汽车企业要做到准确定位，首先要决策采取何种市场定位的战略。市场定位的战略类型包括以下几种：

（一）产品差别化战略

这是从汽车产品质量、产品特色等方面实现差别的战略。汽车企业通过寻求汽车产品特征的方法实现产品的差别化，如丰田的安装、本田的外形、日产的价格、三菱的发动机都是非常有特色的。

（二）服务差别化战略

这是向目标市场提供与竞争者不同的优质服务的战略。一般来说，汽车企业的竞争能力越强，越能体现在客户服务水平上，就越容易实现市场差别化。如果汽车企业将服务要素融入产品的支撑体系，就可以为竞争者设置进入障碍，通过服务差别化提高客户总价值，保持牢固的客户关系，从而击败竞争对手。

（三）人员差别化战略

这是通过聘用和培训比竞争对手更优秀的人员以获取差别优势的战略。实践早已证明，市场竞争归根到底是人才的竞争，一支优秀的人才队伍，不仅能保证汽车产品的质量，还能保证服务的质量。一个受过训练的员工的基本素质应包括人员的知识和技能、礼貌、诚实、可靠性、责任心、反应灵活、善于沟通等内容。

（四）形象差别化战略

这是在汽车产品的核心部分与竞争者无明显差异的情况下，通过塑造不同的汽车产品形象以获取差别的战略。如在豪华汽车中，宝马的蓝天和白云的标志，就会让人联想到"驾乘宝马，感受生活，与成功人士有约"。

十二、市场定位的影响因素

不同的企业会采用不同的方式进行产品的市场定位，当然有时同一个企业也会运用不同的方式对产品进行市场定位，但是要保证定位的排他性特征。影响企业定位的主要因素有产品属性、产品性价比、产品功能、使用者、产品类别和竞争者。

（一）产品属性

每个产品都有其不同的属性，企业可以依据产品鲜明的属性特征定位。例如，感冒药"白加黑"的产品属性特征是白天服用白色的药片，晚上服用黑色的药片，于是企业就将该产品属性特征清晰地用在了它的产品名称即"白加黑"和广告语"白天吃白片，晚上吃黑片"上。企业通过这种定位有效地将本企业生产的感冒药与竞争企业的产品区别开来。

（二）产品性价比

产品性价比是一种产品区别于另一种产品的重要特征，基于产品性价比优势进行市场定位是一个有效的战略选择方式。

（三）产品功能

强调产品的独特功能会吸引相当一部分消费者，原因在于现在的消费者越来越追求具有独特功能的产品。例如，很多客户非常关注车辆的节油性能，于是很多企业就以车辆节油进行产品定位。

（四）使用者

该种定位基础关注的是使用者的个性特征和类型。不同的用户对产品有不同的需求，那么，不同类型的产品应适应不同的用户。

（五）产品类别

企业也可以根据产品类别的不同（如轿车、越野车等）进行产品的市场定位，以突出不同产品种类的差异。

（六）竞争者

针对竞争者的定位去确立企业产品的市场定位也是一种有效的定位方法。在快餐业，麦当劳与肯德基是一对强劲的竞争对手，针对麦当劳服务标准化的定位特点，肯德基提出了"鸡肉烹调专家"的差异定位战略。

十三、市场定位的步骤

（一）分析评价主要竞争者的产品

对某一个市场，把主要竞争者的产品的定位状况、市场特点、竞争方法等摆出来，加上自己企业的产品，进行分析，从整体上了解目前市场上各个品牌的竞争状况与地位。

（二）分析对比各品牌的差异优劣

比较主要竞争者的产品与自己产品在目标市场中的正面与负面差异性及特点，详细列出。营销人员要问自己："我们的产品有何差异性？此差异是否比竞争者的产品更有优势？""企业产品的优越性是什么？""在创新性等方面是否与竞争者的产品有差异？"企业总想使自己的产品具有差异特色，而竞争者的产品又没有这种差异特色。

（三）分析目标市场的需求特征

把目标市场的欲望和需求特征一一找出来，并加以分析。一般来说，可以从以下几个方面来分析目标市场的需求状况和特点：

（1）目标市场真正需要购买什么？产品是单独使用还是和许多产品合在一起使用？

（2）目标市场顾客使用产品的目的是什么？追求的效用是什么？

（3）目标顾客在哪里购买？

（4）在哪里使用？在家里还是外出时使用？

（5）何时使用？自己家人用还是招待客人用？节日里用还是平常用？

（6）为什么购买？是追求某种属性与功效还是为省钱或省时？

（7）如何购买、使用？独购还是与家人或他人一起购买？去大商场还是去便利店购买？

（8）目标顾客有哪些变化？是生活方式方面还是消费观念方面？是使用习惯的变化还是态度和消费方式的变化？

（四）寻找和选择定位点

在分析了多个品牌产品的差异、市场竞争状况与地位、目标市场消费者的主要需求和欲望的状况与特征后，企业营销人员就要结合消费者的需求和欲望，寻找到或选择出最能充分发挥自己产品特色的重要属性和关键价值诉求（利益点、产品属性在效用和传播意义上的延伸），以形成企业占优的竞争态势和市场地位。

分析竞争者和自己的产品，分析目标市场消费者的需求，核心目标是辨认出企业所有可能的竞争优势，确保企业能够向消费者提供比竞争者有更多价值的产品和服务。在绝大多数情况下，这个过程就是寻找相对竞争者更多优势和更多顾客价值差异点的过程，也是寻找产品更有效的属性和利益诉求点的过程。

（五）陈述和传播市场定位

陈述和传播市场定位应该遵循一定的形式。为了完成这一陈述形式，首先，定位要明确其产品所属的类别，类别定位不清，会直接影响产品的营销效果。其次，定位要明确自身产品与其他同类产品或相似产品的区别，以至于一些企业为了区别于同类，在陈述和传播时不惜将自己的产品归属于其他产品或产业类别。

任务实施

要准确理解市场细分，有针对性进行市场定位，建议采取如下学习方法：

（一）在线学习

登录"汽车营销与服务专业教学资源库"，选定《汽车营销技术》课程中的市场细分、目标市场、市场定位等相关微课程，观看微课教学视频，并完成相应的进阶训练，在微课学习中如有疑问，可在线提问，与教师互动交流。

（二）手册学习

认真学习《〈汽车营销技术〉学生学习手册》，进一步掌握市场细分、目标市场及市场定位的知识和技能，完成"难点化解"题目。

（三）模拟训练

假定你是陈晨，与学习小组的成员商讨如何进行市场细分，并在课堂上展示。同时，注意观察其他组的展示情况，并将所见所闻记录在本任务书的"课堂记录"一栏中。

（四）课后评价

课后完成拓展任务、拓展训练，在小组内将自己的训练过程拍摄成微视频（或照片）上传到资源库平台，并与其他学习小组进行互动评价。

拓展提升

一、拓展任务

1. 请利用心理变量进行迈腾 B8 的客户群细分。按小组完成后，各组交流分享心得。

2. 高尔夫 7.5 车型于 2017 年 11 月 4 日上市，请结合高尔夫 7.5 车型的具体情况进行市场定位分析。

二、拓展训练

1. 一汽－大众 2016 年新上市全新奥迪 A4，请自行上网下载新奥迪 A4 的资料，小组讨论后确定新奥迪 A4 的目标市场。

2. 论述市场定位的主要内容有哪些？

拓展学习   在线测试   成果提交

三、案例分析

任务 1　市场细分案例

任务 3　市场定位案例

四、训练习题

任务 1　市场细分训练习题

任务 3　市场定位训练习题

项目二

汽车市场调研与市场预测

汽车企业市场营销的最终目的，就是满足或创造性地满足现在汽车用户的需求和未来汽车用户的需求，同时也要实现企业的营销目标。在现代市场经济环境下，汽车企业要在激烈的市场竞争中获得竞争优势，除了要有正确的市场营销观念外，还要求汽车企业在市场营销活动中能够正确、科学地作出营销决策。这不仅要求汽车企业进行市场调研，而且要求汽车企业进行市场预测。进行市场预测是汽车企业作出经营决策的基础。因此，市场营销调研和预测有助于营销人员认识汽车市场的发展规律和作出营销组合决策，这对于提高汽车企业的市场营销水平和市场竞争力具有重要的现实意义。

本项目以汽车市场调研和预测的实际工作过程为依据，以项目为载体，以工作任务为中心。为了更好地达到教学目标，完成汽车市场调研和预测的教学内容，项目从汽车市场调研和汽车市场预测两个任务展开。

任务 2-1　汽车市场调研

任务引入

　　小王在一汽-大众的一家 4S 店市场部工作,一天,市场部赵经理把小王叫过去,对他这段时间的工作做了肯定,同时也给他布置了一个任务,由于最近混合动力车在国内几个大城市蓬勃发展起来,生产混合动力车的厂家也日益多起来,竞争也日趋激烈,为了增加竞争力,了解混合动力车使用者与潜在使用者的需求与建议,以作为研究改进混合动力车的有效参照,市场部赵经理希望小王能组织人员对全国 3 个主要汽车城市进行调研,并将本次调研的实施情况、调研结果及分析结果付诸文字,形成《混合动力车消费者调研报告》,以作为本次调研的最终结果。接到这个任务后,小王既高兴又有所担忧,领导这么器重自己,可是自己又该如何编写《混合动力车消费者调研报告》呢?汽车市场调研报告书的格式又是怎样的呢?

任务描述

　　小王根据赵经理给出的任务,确定调研主题后,根据资源情况会同小组其他成员制订出调研计划书,然后根据计划组织实施调研,最后对收集到的数据进行整理分析,得出相关结论,并撰写调研报告,基于以上任务,要求做到以下几点:
　　(1)以小组为单位共同完成调研计划的制订,并撰写筹划书;
　　(2)设计出调研问卷;
　　(3)开展调研活动;
　　(4)分析调研数据,得出结论,撰写市场调研报告。

任务目标

1. 专业能力

（1）具备分析与确定调研内容的能力；

（2）具备调研筹划的能力；

（3）熟悉汽车市场调研流程；

（4）了解抽样调查的原理与方法。

2. 社会能力

（1）能树立服务意识、效率意识、规范意识；

（2）能强化人际沟通能力、客户关系维护能力；

（3）具有维护组织目标实现的大局意识和团队能力；

（4）具有爱岗敬业的职业道德和严谨务实勤快的工作作风；

（5）具有自我管理、自我修正的能力。

3. 方法能力

（1）具有利用多种信息化平台进行自主学习的能力；

（2）具有制订工作计划、独立决策和实施的能力；

（3）具有运用多方资源解决实际问题的能力；

（4）具有准确的自我评价能力和接受他人评价的能力；

（5）具有自主学习与独立思考的能力。

相关知识

一、市场调研的概念和作用

所谓汽车市场调研（即汽车市场营销调研），是指汽车企业对用户及其购买力、购买对象、购买习惯、未来购买动向和同行业的情况等方面进行全部或局部的了解。

美国市场营销协会对市场调研的定义为：市场调研是一种通过信息将消费者、顾客和公众与营销者连接起来的职能。

汽车市场调研的主要任务是弄清涉及汽车企业生存与发展的市场运行特征、规律和动向，以及汽车产品在市场上的产、供、销状况及其有关的影响因素和影响程度。市场调研是企业经营的一项经常性工作，是企业增强经营活力的重要基础，它的作用如下：

（1）市场调研是销售人员了解市场环境，掌握市场动态，开发潜在客户的重要手段。

（2）市场调研为企业的经营决策提供信息，有利于企业在科学的基础上制订营销战略与计划。

（3）市场调研有利于发现企业营销活动中的不足，保持同市场的紧密联系和改进营销管理。通过市场调研，还可以及时掌握竞争对手的动态，掌握企业产品在市场上所占份额大小，针对竞争对手的策略，对自己的工作进行调整和改进。

（4）市场调研有利于企业进一步挖掘和开拓新市场，开发新产品，发挥竞争优势。

二、汽车市场调研的主要内容

汽车企业市场调研的内容取决于市场预测的目的和经营决策的需要，是为了获取影响企业经营活动的市场信息，为制定经营决策和发展规划提供科学依据。市场调研的内容从识别市场机会和问题开始，到制定营销决策，再到评估营销活动的效果，涉及企业市场营销活动的各个方面，按照不同的分类方法，可以把汽车市场调研分为很多类。市场调研的内容主要有消费者的情况调研、企业竞争者的情况调研、市场方面的情况调研，如图2-1-1所示。

2-1-1　汽车市场调研的
主要内容课件

2-1-2　汽车市场调研的主要
内容和步骤微课视频

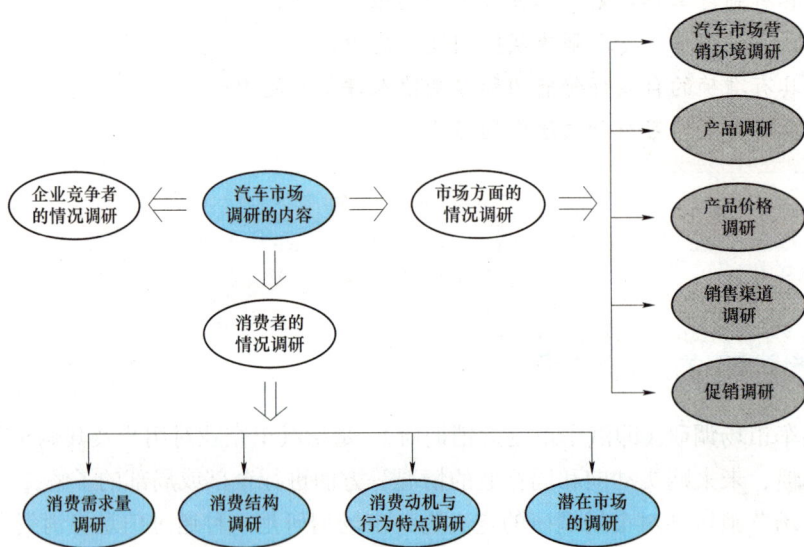

图2-1-1　汽车市场调研的内容

（一）消费者的情况调研

市场营销的核心是如何最好地满足消费者的需求，消费者是市场营销活动的主体，消费者的行为习惯和消费特点将直接影响到一个营销企业的命运。因此，开展市场调研首要的任务是了解消费者的情况。消费者的情况主要包括消费需求量、消费结构、消费动机与行为特点、潜在市场等。

1. 消费需求量调研

消费需求量直接决定市场规模的大小，影响消费需求量的因素是货币收入及适应目标消费人群两个方面。估计市场需求量时，要将人口数量和货币收入结合起来考虑。

2. 消费结构调研

消费结构是消费者将货币收入用于不同商品的比例，它决定了消费者的消费取向。对消费结构的调研包括以下几部分：人口构成、家庭规模和构成、收入增长状况、商品供应状况以及价格的变化。

3. 消费动机与行为特点调研

实施这方面的调研主要是试图通过对消费者购买本企业产品的原因，购买的时间、地点和方式，消费者对产品的喜好、忠诚、偏爱的程度等的了解，为企业确定产品的质量、品种、式样、价格、销售渠道以及促销方式等提供资料。

4. 潜在市场的调研

实施这方面的调研主要目的是发现潜在目标市场。调研渠道是驾驶学校、已有用户、目标群体、汽修场所等。

（二）企业竞争者的情况调研

企业竞争者的情况调研包括一般竞争状况调研和主要竞争者调研两方面的内容。其中重点是对主要竞争者进行调研。调研中要了解以下情况：

（1）主要的竞争者对市场的控制能力有多大，消费者对主要竞争产品的认可程度如何；

（2）汽车市场容量以及竞争者的市场占有率是多少；

（3）市场竞争程度如何；

（4）竞争者的销售能力和市场计划如何；

（5）竞争者对经销渠道的控制程度和方法如何；

（6）竞争者所售的车型和服务的优势、劣势在哪些方面等。

（三）市场方面的情况调研

市场方面的情况调研是指对企业在市场营销活动中涉及的各种可控因素和不可控因素的变化状况的调研。通常包括汽车市场营销环境调研、产品调研、产品价格调研、销售渠道调研和促销调研。

1. 汽车市场营销环境调研

它是对影响企业市场营销的环境因素进行的调研，这种营销环境的调研可以分为微观环境的调研和宏观环境的调研。前者的调研对象包括企业自身、营销中介、顾客和竞争者等因素，后者包括人口、经济、自然、科技、政治法律以及社会文化等因素。通过这些市场环境因素调研，有利于企业根据市场环境的变化发展状况，合理有效地组织营销活动。

2. 产品调研

汽车产品调研包括汽车销售服务能力、产品实体和产品生命周期的调研。汽车销售服务能力调研主要包括供货渠道、售后服务的质量、维修设备的先进程度、技术水平、资金使用状况、人员素质等。产品实体调研是对产品本身各种性能的好坏程度作出调研，包括产品规格、产品类型和产品外观认可程度等。产品生命周期是指产品从进入市场开始到被市场淘汰为止所经历的全部过程，在产品的不同生命周期，所调研的内容也不同，如在投入期，调研的主要内容是消费者购买此种产品的动机、对价格的承受力、需求程度和优势所在等。

3. 产品价格调研

在制定汽车价格时不仅要考虑产品的成本支出，还要看市场竞争情况，因此就有必要了解市场中商品的价格情况，为企业定价提供依据。汽车产品价格调研主要包括以下内容：

（1）目标市场不同阶层顾客对产品的承受能力；

（2）竞争车型的价格水平及销售量；

（3）提价和降价带来的反应；

（4）目标市场不同消费者对产品的价值定位；

（5）现有定价能否使企业盈利，盈利水平在同类企业中居于什么样的地位等。

4. 销售渠道调研

销售渠道调研主要是了解企业应选择什么样的销售渠道将产品顺利地分销出去，了解企业应该选择何种运输方式，怎样的运输路线才能将产品以较低的运输费用尽早地送到消费者手中。

5. 促销调研

促销调研就是要了解不同促销方式的优缺点，以选择正确的促销组合。促销调研的内容包括广告宣传、公关活动、现场演示和优惠活动等。

三、汽车市场调研的主要步骤

汽车市场调研一般可分为三个阶段，即调研准备阶段、调研实施阶段和分析总结阶段，如图2-1-2所示。

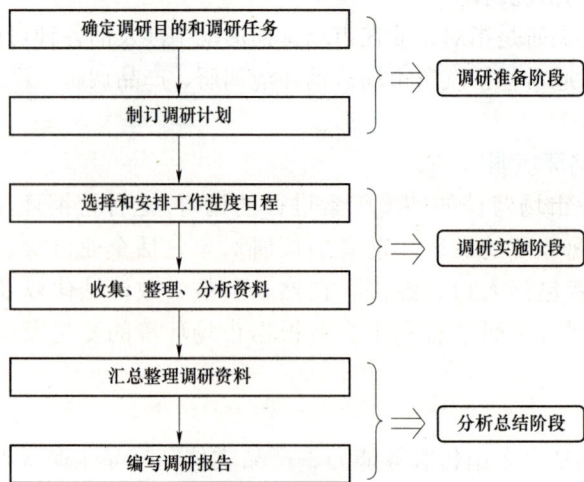

图2-1-2　汽车市场调研的主要步骤

（一）市场调研准备阶段

准备阶段是调研工作的开端，准备的充分与否直接影响到实际调研工作的开展及调研结果的质量。准备阶段主要解决调研目的、要求、范围及调研力量的组织问题，并在此基础上制订一个切实可行的调研计划，这个阶段的工作步骤大体如下：

2-1-3　汽车市场调研的
主要步骤课件

1. 确定调研目的和调研任务

市场调研的主要目的是收集与分析资料，以帮助企业更好地作出决策，减少决策的失误，因此调研的第一步就要求决策人员和调研人员认真地确定和商定调研的目的。俗话说："对一个问题作出恰当的定义等于解决了一半问题。"在任何一个问题上都存在着许许多多可以调研的事情，如果对该问题不作出清晰的定义，那收集信息的成本可能会超过调研提出的结果价值。

调研任务是指在调研目的既定的条件下，市场调研应获取什么样的信息才能满足调研的要求。明确调研的目的和任务是调研方案设计的首要问题，因为只有明确调研目的和任务，才能确定调研的对象、内容和方法，才能保证市场调研具有针对性。确定调研目的与调研任务需注意以下几点：

（1）确定调研任务时，任务不能过于宽泛，而应明确、具体。

（2）确定调研目的时，对调研问题应该量化，以方便审核与评估调研结果。例如某汽车企业发现其销售量已连续下降达半年之久，管理者想知道真正的原因究竟是什么？是经济衰退、广告支出减少、消费者偏爱转变，还是促销手段不给力？

作出假设、给出调研目的的主要原因是为了限定调研范围，确定问题之后，下一步就应决定要收集哪些资料，这自然应与调研目的有关。例如，消费者对本公司产品及其品牌的态度如何？消费者对本公司品牌产品的价格的看法如何？本公司品牌的电视广告与竞争品牌的广告，在消费者心目中的评价如何？不同社会阶层对本公司品牌与竞争品牌的态度有无差别？

2. 制订调研计划

明确调研目的以后，就应着手编制一份专门的调研计划，调研计划的内容应包括收集整理资料、选择调研方法和估算调研费用等项目。

如果没有适用的现成资料（第二手资料），原始资料（第一手资料）的收集就成为必需的步骤。

1）收集整理资料

采用何种方式收集整理资料，这与所需资料的性质有关，它包括实验法、观察法和询问法等。

2）选择调研方法

如果选择的调研方法是抽样法，那么，在调研设计阶段就应决定抽样对象是谁，应采用何种抽样方法，是采用随机抽样还是非随机抽样，这具体要视该调研所要求的准确程度而定。随机抽样的估计准确性较高，且可估计抽样误差，从统计效率来说，自然以随机抽样为好，不过从经济观点来看，非随机抽样设计简单，可节省时间与费用。

3）估算调研费用

每一次市场调研都需要支出一定的费用，调研目标不同，调研方法不同，调研项目多少不一，所需费用不相同，而调研规模、方式对费用更是有着直接的影响。因此在制订调研计划时，应编制调研费用预算，合理估计调研的各项开支。调研费用一般包括总体方案策划费、抽样方案设计费、调研问卷设计费、印刷费、调研实施费（包括调研员培训、差旅费、礼品、劳务费等）、数据统计分析费、办公费用、咨询费等。

（二）调研实施阶段

1. 选择和安排工作进度日程

选择和安排工作进度日程，列出工作时间表，工作进度日程是对各类调研项目、调研方法的工作程序、时间、工作方法等作出的具体规定。

2. 收集、整理、分析资料

调研中的数据收集阶段是花费时间最多且又最容易失误的阶段，因此，调研人员在计划实施过程中，要尽量按计划去进行，使获取的数据尽可能反映事实，这就要求调研人员应具备一定的素质，在整个信息搜集过程中能排除干扰，获得理想的信息资料。由于从问卷和其他调研工具获取的原始资料是杂乱无章的，所以无法直接使用，调研人员应按照调研目的的要求进行统计分析，以发现那些有助于营销管理决策的信息。

（三）分析总结阶段

这一阶段的工作有汇总整理调研资料和编写调研报告。

1. 汇总整理调研资料

首先应对资料进行校核，剔除不必要的，排除不可靠的资料，以保证资料的可靠性和准确性。对校核后的资料要按内容分类和编码，编制每一类别的统计表。在此基础上，调研人员应运用统计方法对资料做必要的分析，并将分析结果提供给有关方面作为参考，一般使用的统计方法有多维分析法和回归分析法等。

2. 编写调研报告

经过分析资料，调研人员可以从中得出结论。一次完整的市场调研，要求市场调研人员必须将他们通过调研所获得的结论，以调研报告的方式汇总提出。市场调研报告按内容来分，可分为专题性报告和一般性报告。前者是供专门人员作深入研究用的，后者着重报告市场调研的成果，提出调研人员的结论及建议，供营销决策者参考。但无论何种形式的调研报告，都应包括以下 4 项内容：

1）引言

要说明调研的目的、对象、范围、方法、时间和地点等。

2）摘要

要简明扼要地概括整个调研结论和建议事项，它可能是企业决策层人士阅读报告的唯一一个部分，因为他们太忙并对复杂的细节不感兴趣。

3）正文

要详细说明调研目标、调研过程、结论和建议。

4）附录

要包括样本分配、数据图表、问卷附件、访问记录和参考资料目录等。

四、汽车市场调研的方法

2-1-4 汽车市场调研策划课件

2-1-5 汽车市场调研策划微课视频

市场调研的方法可分为两大类：第一类按选择调研对象来划分，有全面普查、重点调研、随机抽样和非随机抽样等；第二类按对调研对象所采用的具体方法来划分，有观察法、访问法和实验法。

（一）按选择调研对象划分

1. 全面普查

全面普查是指对调研对象总体所包含的全部个体都进行调研，可以说对市场进行全面普查，可能获得非常全面的数据，能正确反映客观实际，便于剖析事物变化的实质，但涉及面广，工作量大，人力、物力、财力和时间消耗多，应慎重选用，一般只在较小范围内采用。当然，有些资料可以借用国家权威机关的普查结果，例如可以借用全国人口普查所得到的有关数据资料等，这种方法在汽车市场调研中很少用到。

2. 重点调研

重点调研是以总体中有代表性的单位或消费者作为调研对象，进而推断出一般结论。采用这种调研方式，由于被调研的对象数目不多，企业可以较少的人力、物力、财力，在很短的时间内完成。如通过对我国几个主要汽车生产集团年产量增长情况的调研，可以推测出我国汽车工业的发展趋势等。当然，由于所选对象并非全部，调研结果难免有一定误差，市场调研人员应高度重视，特别是当外部环境发生较大变化时，所选择的重点调研对象可能不具有代表性。

3. 随机抽样

随机抽样是在总体中随机任意抽取个体作为样本进行调研，根据样本推断出一定概率下总体的情况。随机抽样在市场调研中占有重要地位，在实际工作中应用很广泛。随机抽样最主要的特征是从母体中任意抽取样本，每一样本有相等的机会，即事件发生的概率是相等的，这样可以根据调研样本的结果来推断母体的情况。如通过对世界轿车市场变化规律的调研，可以推断出整个世界汽车市场的变化规律等。

随机抽样又可以分为三种：

1）简单随机抽样

即整体中所有个体都有相等的机会被选作样本。

2）分层随机抽样

即对总体按照特征（如年龄、性别、职业等）分组（分层），然后从各组中随机抽取一定数量的样本；

3）分群随机抽样

即将总体按一定特征分成若干群体，随机抽样是将部分作为样本。

分群抽样与分层抽样是有区别的：分群抽样是将样本总体划分为若干个不同的群体，这些群体间的性质相同，然后将每个群体进行随机抽样，这样每个群体内部存在性质不同的样本；而分层抽样是将样本总体划分为几大类，这几大类间是有差别的，而每一类则是由性质相同的样本构成的。

4．非随机抽样

非随机抽样法是指市场调研人员在选取样本时并不是随机选取，而是先确定某个标准，然后再选取样本数，这样每个样本被选择的机会并不是相等的，非随机抽样也分为三种具体方法：

1）随便抽样

也称为随意抽样，即市场调研人员根据最方便的时间、地点任意选择样本。如在街头任意找一些行人询问其对某产品的看法和印象。这在市场调研中是常用的方法。

2）判断抽样

即市场调研人员根据自己的以往经验判断由哪些个体作为样本的一种方法。当样本数不多，样本间的差异又较为明显时，采用此方法能起到一定效果。

3）配额抽样

即市场调研人员通过一些控制特征，对样本进行分类，然后由调研人员从各类中任意抽取一定数量的样本。例如，如果房地产公司需要调研消费者购买房屋的潜力，特别要了解中、低收入消费者购房的欲望，以便使企业把握机遇、做好投资的准备。现根据收入与年龄将消费者进行划分，按收入分为高、中、低三档，年龄根据中国国情划定为 27 岁以下和 28～35 岁、36～55 岁、55 岁以上四组，调研人数为 300 人，再对每个标准分配不同的比例后，就可得出每个类别的样数。

（二）按对调研对象所采用的具体方法划分

1．观察法

观察法是由调研者直接或利用仪器来观察、记录被调研对象的行为、活动、反应或现场事物，以获取资料的一种方法。在观察时，调研人员既可以耳闻目睹现场情况，也可以利用照相机、录音机、摄像机等设备对现场情况做间接的观察，以获取真实信息。用观察法的优点是可以搜集到调研对象不能自我提供的资料，具有较大的灵活性，因为调研观察到的都是比较真实的、可靠的资料。但是这种方法也有局限性，表现为观察对象有局限性，观察结果容易受到观察者和外界因素的影响，观察不到内在因素，有时需要做长时间的观察才能得出结果。观察法在汽车市场调研中运用得比较广泛，如对车型保有量的观察、对汽车营销展厅的现场观察、对车辆库存观察等。

2. 访问法

访问法是通过直接或间接的问答方式来收集信息，以获得所需资料的调研方法，是汽车市场调研人员常用的方法。通过这种方法，调研人员可以灵活地提出各种设计好的问题，通过被调研人员对问题的回答来收集信息，针对性强。访谈法又可分为问卷调研、面谈调研、电话调研和邮寄调研。

1）问卷调研

它是目前汽车企业广泛采用的调研方法，即根据调研目的设计好各类调研问卷，然后采取抽样的方式确定调研样本，通过调研人员对样本的访问，完成事先设计的调研项目，最后，经过统计分析得出调研结果的一种方法。问卷调研的成功与否关键取决于问卷的设计是否合理。

2）面谈调研

面谈调研是调研人员与被调研人员进行面对面的谈话，询问有关问题，从而获得信息的一种方法。这种方法的最大特点是调研灵活、调研的信息全面、调研的真实性较强。面谈调研的问卷回收率较高，样本代表性强，有助于提高调研结果的可信度。面谈调研的主要缺点是调研费用高、时间长。如果调研样本多，需要分别面谈，就会花费更多时间。面谈调研可以是个人访谈，也可以是集体座谈。

按照访问的地点和访问的形式，面谈调研又可分为入户访问和拦截访问两种。

（1）入户访问指调研人员到被调研人员的家中或工作单位进行访问，直接与被调研人员接触，从理论上说，这是一种最佳的调研访谈的方式，但这种情况在中国除了政府部门的调研外，普通的调研公司一般只能做到进入相关公司或商店进行访问。

（2）拦截访问是指在某个场所（如商业区、商场、街道、医院或公园等）拦截在场的一些人进行面访调研并说明填表要求，被调研人员填写后交给调研人员。例如，在汽车城的前台拦截顾客，询问他们对各种汽车品牌的偏好以及购买行为等。商场拦截访问的好处在于效率高，因为是被调研人员向调研人员走来，而不是调研人员寻找被调研人员，但是无论如何控制样本及调研的质量，收集的数据都不会对总体有很好的代表性，这是拦截式访问的最大问题，这是目前大多数调研公司所采用的比较流行的一种调研方法。

3）电话调研

电话调研是调研人员通过电话交谈来了解顾客意见的一种方法。例如，打电话定期询问顾客对汽车销售企业服务的感觉如何，有什么需要改进的方面等。其主要优点是：调研人员能够对调研进行有效控制，确保了调研的质量，电话的覆盖率极大，所以只要选用恰当的抽样效果，几乎可以调研到整个母体；调研的反馈率很高，并且有利于回访，电话调研在办公室内即可完成，加快了访问速度，并且节约了调研成本和时间；被调研人员不受调研人员在场的心理压力，因而能畅所欲言，回答率高。电话调研不受被调研人员所在地域的限制。

同时电话调研也有以下的不足：作为母体的电话号码簿通常是不完整的，所以存在潜在的抽样偏差，电话调研受时间长度的限制，过多的问题容易引起调研对象的反感，消极态度下的回答也会影响回答的质量，没有可视化工具的辅助，所以不能将材料展示给调研对象。

4）邮寄调研

邮寄调研是调研人员将预先设计好的问卷或表格邮寄给被调研人员，请他们按要求填好后再邮回的一种方式。

（1）邮寄调研的主要优点有以下几点：

① 调研的空间范围大，在一个地方可以邮寄到全国甚至国际市场进行调研，不受调研人员所在地域的限制，只要通邮的地方，都可选为样本单位；

② 调研的样本数目可以很多，而费用支出少，按随机原则选定的调研样本，可以达到较大数量，可同时发放和回收问卷；

③ 被调研人员有充裕的时间来考虑回答问题，并可避免面谈中受调研人员倾向性意见的影响，从而得到较为真实可靠的信息。

（2）邮寄调研的不足之处有以下几点：

① 问卷回收率低，因而可能影响样本的代表性；

② 不直接接触被调研人员，不能了解其回答问题的态度，也不能了解到问卷中未涉及的问题，有可能遗漏重要的市场信息；

③ 被调研人员可能误解问题而给出错误答案。

3. 实验法

实验法是指在汽车市场调研中，从影响调研对象的若干因素中选出一个或几个因素作为实验因素，在其他因素均不发生变化的条件下，将调研范围缩小到一个比较小的规模上，进行实验后取得一定结果，观察分析顾客的反应和市场结果，然后决定是否值得大规模生产推广，从而通过实验对比来取得市场信息资料的调研方法。例如汽车企业在开发新车型时，一般都是先少量投入生产，生产出部分样品对市场进行试探，如新车型汽车展销、试销、价格试探等，根据试探的结果再进行预测和决策。

（1）实验法的优点如下：

① 可以有控制地分析、观察某些市场现象之间是否存在因果关系，以及相互影响的程度；

② 通过实验取得的数据比较客观，具有较高的可信度。

（2）实验法的缺点如下：

① 实验所需的时间较长，而且在实验中实际销售商品，费用也较高；

② 影响市场变化的因素错综复杂，很多因素无法严格控制，在一定程度上会影响实验结果的可靠性。

上面讲述了关于汽车市场调研的多种方法，在实际调研过程中，应该根据调研目的和调研内容等因素来选择其中较适合的调研方法。但总的来说，问卷调研的方法是汽车市场调研中运用较为广泛的方法，而调研问卷的设计又是问卷调研的关键所在，下面介绍问卷的设计技巧。

五、汽车市场调研问卷的设计

2-1-6 汽车市场调研问卷的
设计课件

2-1-7 汽车市场调研问卷的
设计微课视频 1

2-1-8 汽车市场调研问卷的
设计微课视频 2

2-1-9 汽车市场调研的组织与
实施课件

2-1-10 汽车市场调研的组织与
实施微课视频

在汽车市场调研中，应该事先了解汽车市场的信息资料，以便于实现调研目的和完成调研任务。采用问卷进行调研是国际通行的一种调研方式，也是中国近年来推行最快，应用最广的一种调研手段。

所谓问卷设计，它是根据调研目的，将所需调研的问题具体化，使调研者能顺利地获得必要的信息资料，并便于统计分析。由于通常是靠被调研者通过问卷间接地向调研者提供资料，所以作为调研者与被调研者之间中介物的调研问卷，其设计是否科学合理，将直接影响问卷的回收率，影响资料的真实性、实用性。因此，在市场调研中，应对问卷设计给予足够的重视。

（一）问卷设计的基本要求

调研者在编制调研问卷时应符合以下要求：

（1）尽量减轻被调研者的负担，凡是那些与调研目的关系不大或隐含答案的问题均可省去，那些让调研者需要反复回忆、计算或查找资料方能回答的问题也应避免。否则，被调研者可能会对调研置之不理。

（2）问题要具体，用语要准确，让被调研者选择的主要答案应尽量完备。

（3）调研题目不应具有诱导性，不应让被调研者受工作人员态度倾向影响。

（4）问题必须是被调研者有能力回答和愿意回答的问题。

（5）问题应简单明了，并注意问题间的逻辑顺序，同一方面的多个问题应连续列出，符合人们的一般思维过程。

（6）问题要与被调研者的身份与知识水平相适应，如对专家可使用专业术语，而对一般群众则应使用通俗语言。

（7）交代必要的填写说明及其他注意事项，如调研活动的背景、目的等，以让被调研者理解和支持调研活动。否则，调研活动就难以得到被调研者的积极配合，调研效果也就较差。

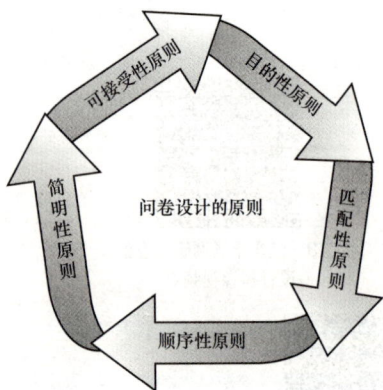

图 2-1-3 问卷设计的原则

（二）问卷设计的原则

调研问卷的设计是营销调研的重要一环，调研问卷设计得是否完善，直接影响到调研效果，一份好的调研问卷既能使调研部门达到调研目的，又能使被调研者乐意合作，问卷设计应遵循的原则如图 2-1-3 所示。

1. 目的性原则

问卷调研是通过向被调研者询问问题来进行调研的，所以，询问的问题必须是与调研主题有密切关联的问题。这就要求在问卷设计时重点突出，避免可有可无的问题，并把主题分解为更详细的纲目，即把它分别做成具体的询问形式供被调研者回答。

2. 匹配性原则

答案要便于分类及解释调研目的，便于检查处理，便于分析数据。

3. 顺序性原则

它是指在设计问卷时，要讲究问卷的排列顺序，使问卷条理清楚，顺理成章，以提高回答问题的效果。问卷中的问题一般可按下列顺序排列：

容易回答的问答（如行为性问题）放在前面；较难回答的问题（如态度性问题）放在中间；敏感性问题（如动机性、涉及隐私等问题）放在后面；关于个人情况的事实性问题放在末尾；封闭性问题放在前面；开放性问题放在后面。

封闭式问题有一组事先设计好的答案供调研对象选择。这类问题比较容易提问、回答、处理和分析。

例如：对于购买私人汽车，您认为是否应有适当限制？

A. 是　　　　　　　B. 否　　　　　　　C. 看情况而定

开放式问题不提供事先设计好的答案供调研对象选择。

例如：你对私人购车有何看法？　　　　　　（　　　　　　　）

4. 简明性原则

简明性原则主要体现在三个方面：

1）调研内容要简明

没有价值或无关紧要的问题不要列入，同时要避免出现重复，力求以最少的项目设计必要、完整的信息资料。

2）调研时间要简短，问题和整个问卷都不宜过长

设计问卷时，不能单纯从调研者的角度出发，而要为被调研者着想。调研内容过多，调研时间过长，都会招致被调研者的反感。通常调研的场合一般都在路上、汽车 4S 店内或居民家中，被调研者行色匆匆，或不愿让调研者在家中久留等，而有些问卷多达几十页，让被调研者望而生畏，一时勉强作答也只有草率应付。根据经验，一般设计问卷回答时间应控制在 30 分钟左右。

3）问卷设计的形式要简明易懂、易读

5. 可接受性原则

调研问卷的设计要比较容易让被调研者接受。被调研者对是否参加调研有着绝对的自由，调研对他们来说是一种额外负担，他们既可以采取合作的态度来接受调研，也可以采取对抗行为来拒答。因此，请求合作就成为问卷设计中一个十分重要的问题。应在问卷说明词中将调研目的明确告诉被调研者，让对方知道该项调研的意义和自身回答对整个调研结果的重要性。问卷说明词要亲切、温和，提问部分要自然，有礼貌且有趣味，必要时可采用一些物质鼓励，并代被调研者保密，以消除其某种心理压力，使被调研者自愿参与，认真填好问卷。此外，还应使用适合被调研者身份和水平的用语，尽量避免列入一些会令被调研者难堪或反感的问题。

（三）问卷的构成

在调研主题确定以后，如采用问卷的形式获取所需的资料，就要将调研目的分解成更详细的题目，同时还要针对调研对象的特征进行设计，如调研对象是企业、消费者还是老顾客。

一份比较完善的调研问卷通常由以下五部分构成：

1. 问候及填写说明

应以亲切的口吻问候被调研者，使被调研者感到礼貌、亲切，从而增加回答问题的热情。简要说明填写要求，以提高调研结果的准确性。

2. 调研问卷说明

其内容主要包括填表目的和要求、被调研者注意事项、交表时间等。

3. 被调研者的基本情况

包括被调研者的年龄、性别、文化程度、职业、住址、家庭人均月收入等。

4. 调研内容

这是指所调研的具体项目，它是问卷最重要的组成部分。

5. 编号

有些问卷需要编号，以便分类归档，汇总统计。

（四）问卷设计的注意事项

问题是问卷的核心部分，被调研者对各个具体问题的答案，提供了研究、理解和预测有关现象、行为或态度所需的资料。在设计问题时，通常要考虑问题的内容、类别、格式、措辞和顺序。问卷中的问句要简明、生动，注意概念的准确性，避免提似是而非的问题，具体应注意以下几点：

（1）问题排列的顺序必须符合普通人的思考顺序，由简单到复杂、由表面直觉到深层思考。

（2）问卷中的问句要通俗易懂，意思明确，不用模棱两可、含混不清的问句，避免使用"一般""经常"等词语。

例如问："您最近经常驾驶汽车吗？"这里"最近"是指"近一周"还是"近一月""近

一年"；"经常"是指间隔多久，表意不明。

例如问："您对马自达汽车是否满意？"

这样的问题不够具体明确，也不易达到所要调研的目的。若需要的调研资料涉及汽车质量或售后服务，则可分别询问：

"您对马自达汽车的质量是否满意？为什么？"

"您对马自达汽车的售后服务是否满意？为什么？"

（3）避免使用引导性问题或带有暗示性的问题。

例如："您喜欢捷达轿车吗？"

这样的问句容易将答案引向喜欢而造成偏差。故应改为：

"您现在开的是什么牌子的汽车？"

（4）调研语句要有亲切感，并考虑到被调研者的自尊。

例如问："您没有购买×××小轿车的原因是：_____。"

A. 买不起　　　　B. 款式不好　　　　C. 没有车库　　　　D. 不会开车

这种提问方式易引起被调研者的反感，可以换一种方式。

例如问："您暂不购买×××小轿车的原因是：_____。"

A. 价格不满意　　B. 款式不合适　　C. 停放不方便　　D. 准备购买

（5）避免涉及个人隐私。

例如问："您今年几岁？""你结婚了吗？"可转换为"您是哪一年出生的？""您先生从事什么职业？"

（6）问卷中各问题之间的间隔要适当，印刷要清晰，以便被调研者看问卷时有舒适感。

（7）在设计调研问卷时，问卷不宜过长，问题不能过多，一般控制在15分钟左右回答完毕，否则，会使被调研者因时间过长而敷衍答卷，影响问卷调研的效果。

（五）问卷设计的几种方法

在市场调研中，无论是何种类型的问题，都需要事先对问题答案进行设计。封闭式问题在市场调研问卷中占有重要地位，因此，在设计答案时要注意掌握以下原则：

1. 答案的互斥性

即同一个问题的若干个答案之间是相互排斥的，不能有重复、交叉、包含的情况，这样才能保证答案的特定含义，使调研者不至混乱。

2. 答案的完备性

即所排列的问题答案应是所提出问题的全部可能，不能有遗漏，有时很难将所有的答案列出，这种情况一般多出现在多选题中，对此，通常在列出主要选项后，再列其他备选项。

3. 答案的客观性

即问题的设计要考虑调研对象的实际情况，答案的划分要符合客观事实。因此，在设计答案时，可以根据具体情况采用不同的设计形式：

1）二项选择法

二项选择法也称真伪法或二分法，是指提出的问题仅有两种答案可以选择。"是"或"否"，"有"或"无"等。这两种答案是对立的、排斥的，被调研者的回答非此即彼，不能有更多的选择。这种问题的形式一般如下：

例如："您家里现在有汽车吗？"

答案只能是"有"或"无"。

又如："您是否打算在近五年内购买汽车？"

回答只有"是"或"否"。

这类问题的答案通常是互斥的，调研结果统计得到"是"与"否"的比例，由于回答项"是"与"否"之间没有任何必然的联系，因此得到的只是一种定性分析，说明不同回答所占的比例，比例大的部分影响力和重要性比较大。

2）多项选择法

有些问题为了使被调研者完全表达要求、意愿，还需采用多项选择法，它是指对所提出的问题事先预备好两个以上的答案，被调研者可任选其中的一项或几项，然后根据多项答案选择的统计结果，得到各项答案重要性的差异。

2-1-11 汽车市场调研数据的整理分析课件

2-1-12 汽车市场调研数据的整理分析微课视频1

2-1-13 汽车市场调研数据的整理分析微课视频2

例如："您买家用轿车是因为_____。"

A. 经济条件允许

B. 自己开着玩，个人娱乐

C. 送给朋友

D. 上下班驾驶，代步工具

E. 气派、赶时髦

F. 周围邻居或熟人的推荐

由于所设答案不一定能表达出被调研者所有的看法，所以在备选项的最后通常可设"其他"项目，以便使被调研者表达自己的看法。

这个方法的优点是比二项选择法的强制选择有所缓和，答案有一定的范围，也比较便于统计处理。

3）程度尺度法

将问题答案按不同程度列出，供调研对象选填，则可以找到调研对象满意的评价，调研者亦可获得定量评价，研究同质间的不同程度差别，通常用"很好""较好""一般""较差""差"一类的回答来表述。

例如："请问您是否想买一辆家用轿车？"

A. 很想买　　　　B. 想买　　　　C. 不一定　　　　D. 不想买　　　　E. 很不想买

例如："请问您觉得当前家用轿车的价格如何？"

A. 很贵   B. 贵   C. 适中   D. 便宜

这两个问题的结果对比如图 2-1-4 所示，单纯看来，次数差距小，问题表现得不是很鲜明。然而，若将两题目交叉，结果便表现出价格的认可程度与产品的可接受性有一个非常高度的相关性，这种意义只有在交叉表中才能得到。

项目	很想买	想买	不一定	不想买	很不想买	合计
次数	100	100	100	100	100	500
百分比	20%	20%	20%	20%	20%	100%
项目	很贵	贵	适中	便宜	合计	—
次数	125	125	125	125	500	—
百分比	25%	25%	25%	25%	100%	—

项目	很想买	想买	不一定	不想买	很不想买	合计
很贵	00	00	15	30	80	125
贵	00	20	35	50	20	125
公道	20	50	35	20	00	125
便宜	80	30	15	00	00	125
合计	100	100	100	100	100	500

图 2-1-4　程度尺度法举例结果的对比

4）顺位法

顺位法是列出若干项目，由被调研者按重要性决定先后顺序。顺位法主要有两种：一种是对全部答案排序；另一种是只对其中的某些答案排序。究竟采用何种方法，应由调研者来决定。具体排列顺序，则由被调研者根据自己所喜欢的事物和认识事物的程度等进行排序。

例如："您所知道的家用轿车品牌有哪些？"

A. 奔驰   B. 宝马   C. 桑塔纳   D. 捷达

E. 富康   F. 别克   G. 凯越   H. 其他

例如："您最喜欢哪两种？"

A. 首先（　　　）   B. 其次（　　　）

顺位法便于被调研者对其意见、动机、感觉等做衡量和比较性的表达，也便于调研者对调研结果加以统计。但调研项目不宜过多，过多则容易分散，很难顺位，同时所提出的排列顺序也会对被调研者产生某种暗示。这种方法适用于要求答案有先后排列顺序的问题。

5）自由回答法

自由回答法是指提问时可自由提出问题，被调研者可以自由发表意见，并无已经拟定好的答案。

例如："您觉得软包装饮料有哪些优、缺点？"

"您认为应该如何改进电视广告？"等等。

这种方法的优点是涉及面广，灵活性大，被调研者可充分发表意见，可使调研者收集到某种意料之外的资料，缩短调研者和被调研者之间的距离，迅速营造一个调研气氛；缺点是由于被调研者的想法和角度不同，因此在答案分类时往往会出现困难，资料较难整理，还可能会因为被调研者表达能力的差异形成调研偏差。同时，由于时间关系或缺乏心理准备，被调研者往往放弃回答或答非所问，因此，此种问题不宜过多。这种方法适用于那些不能预设答案或不能限定答案范围的问题。

例如："您认为什么是女性轿车？"

"您认为中国女性汽车市场的发展前景如何？"

六、汽车市场调研报告的撰写

2-1-14　汽车市场调研报告的
撰写课件

2-1-15　汽车市场调研报告的
撰写微课视频1

2-1-16　汽车市场调研报告的
撰写微课视频2

调研报告（以下简称报告）是对某一情况、某一事件、某一经验或问题，经过在实践中对其客观实际情况的调研了解，将调研了解到的全部情况和材料进行去粗取精、去伪存真、由此及彼、由表及里的分析研究，揭示出本质，寻找出规律，总结出经验，最后以书面形式陈述出来。调研报告的核心是实事求是地反映和分析客观事实。市场调研报告的提出和报告的内容、质量，决定了它对企业领导据此决策行事的有效程度。从汽车市场调研报告的一般结构来看，一篇完整的汽车市场调研报告应包括以下几个内容：标题、目录、概述、正文和附件等。

（一）标题

标题是市场调研报告的题目，一般有两种构成形式：

1. 公文式标题

公文式标题，由调研对象和内容、文种名称组成，即把被调研单位、调研内容明确而具体地表示出来，例如《关于杭州市家用轿车的市场调研报告》；

2. 文章式标题

即用概括的语言形式直接交代调研的内容或主题，例如《全省城镇居民潜在购买力动向》。

在实践中，这种类型的市场调研报告的标题采用双题（正、副题）的结构形式，更为引人注目。作为一种习惯做法，市场调研报告题目的下方，紧接着注明调研者或单位、报告日期，然后另起一行，注明报告呈交的对象，这些内容编排在调研报告的首页上。

（二）目录

如果调研报告的内容、页数较多，应使用目录或索引的形式列出主要纲目及页码，编排在报告题目的后面，并注明标题、有关章节及页码，从而方便读者查找和阅读，一般来说，目录的篇幅不宜超过一页。

例如：

目录

1. 调研设计与组织实施

2. 调研对象构成情况简介

3. 调研的主要统计结果简介

4. 综合分析

5. 数据资料汇总表

6. 附录

如果报告含有图表，那么需要在目录中包含一个图表目录，目的是帮助读者很快找到对一些信息的形象解释。因为图和表是独立的数字编号。因此，在图表目录中，应列出每一个图表的名称，并按在报告中出现的次序排列。

（三）概述

概述主要阐述调研课题的基本情况，它是按照汽车市场调研课题的顺序将问题展开，并阐述在调研过程中对原始资料的选择、评价、作出结论、提出建议的原则等。主要包括三方面的内容：

1. 简要说明调研目的

即简要地说明调研的由来和委托调研的原因。

2. 简要介绍调研对象和调研内容

包括调研时间、地点、对象、范围、调研要点及所要解答的问题。

3. 简要介绍调研研究的方法

介绍调研的方法，有助于使人确信调研结果的可靠性，因此对所用方法要进行简短叙述，并说明选用方法的原因。例如，是用重点调研法还是随机抽样法，是用邮寄调研法还是问卷调研法，这些方法一般是在调研过程中使用的。

另外，对在分析中使用的方法，如指数平滑分析、回归分析、聚类分析等方法都应作简要说明。如果某一部分内容很多，应有详细的工作技术报告加以补充说明，附在市场调研报告最后部分的附件中。

（四）正文

正文是市场调研报告的主体部分，应依据调研提纲设定的内容充分展开，它主要包括以下几个方面：

1. 引言

引言对调研的起因、目的和中心问题作出解释说明。调研的每个问题在正文的某一部分都应提供相应的结论。

2. 调研方法

在调研方法部分要阐明以下 5 个方面的内容：

1）调研设计

说明所开展的调研项目属于探索性调研、描述性调研还是因果性调研，以及为什么适用于这一特定类型的调研。

2）资料采集方法

说明所采集的资料是初级资料还是次级资料，结果的取得是通过调研、观察还是实验。所用调研问卷或观察记录表都应编入附录。

3）抽样方法

说明总体目的是什么、抽样如何确定、是什么样的样本单位、它们如何被选取出来，对以上问题的回答根据及相应的运算都须在附录中列明。

4）实地工作

说明起用了多少名、什么样的实地调研人员；对他们如何进行培训、监督管理；实地工作如何检查。这些方面对于最终结果的准确程度会带来十分重要的影响。

5）分析方法

说明所使用的方法是定量分析方法还是定性分析方法。

3. 结论和局限性

结论在正文中占有较大篇幅，这部分内容应按一定的逻辑顺序提出紧扣调研目的的一系列结论。在结论中，还可以配合一些总括性的表格和图像加以说明。

完美无缺的调研是难以做到的，所以，必须指出调研报告的局限性，诸如调研过程中无法回避的误差和抽样程序存在的问题等。在报告中，如果将调研成果绝对化，不承认它的局限性，这不是科学的态度。当然，也没有必要过分强调它的局限性。

4. 建议

建议主要是调研小组根据调研结果给汽车企业提出的一些发展意见和思路，建议应该建立在调研结果的基础上，符合实际情况，符合企业的发展目标，而且确实具有可操作性，建议部分应该写得详细、具体、通俗。

（五）附件

附件是指调研报告正文包含不了或没有提及，但与正文有关而必须附加说明的部分，是正文的补充或更为详细的专题性说明。附件通常包括的内容有数据的汇总表、统计公式、参数选择的依据、图表目录、调研提纲、调研问卷和观察记录表等，均可单独成为报告的附件。

任务实施

要全面理解汽车市场调研所涉及的基础知识，并很好地解决本项目任务中所描述的小王遇到的情况，按工作流程来实施任务，通过完成任务来进一步学习，掌握达到项目目标所需的知识与技能。建议采取如下方式开展学习和训练：

一、在线学习

登录"汽车营销与服务专业教学资源库"，选定《汽车营销技术》课程中汽车市场调研的相关微课程，观看微课教学视频，并完成相应的进阶训练，在微课学习中如有疑问，可在线提问，与教师互动交流。

二、手册学习

认真学习《〈汽车营销技术〉学生学习手册》，进一步掌握汽车市场调研的知识和技能，完成"难点化解"题目。

三、模拟训练

假定你与其他成员商讨和学习汽车市场调研报告的撰写步骤和内容，并采用角色扮演法在课堂上展示。

拓展提升

一、拓展任务

1. 汽车市场调研报告的特点有哪些？
2. 汽车市场调研报告的撰写原则是什么？
3. 谈谈汽车市场调研报告的撰写方法。

二、拓展训练

引导学生对中国某一地区的汽车市场进行调研，最好能完成一份汽车市场调研报告。

1. 实训目的

1）职业能力目标

（1）能够进行完整的汽车市场调研，主要包括制定市场调研方案、独立设计市场调研的方式。

（2）学会各种市场调研方法并熟练运用，主要包括访问法、观察法和实验法。

（3）学会整理和分析市场调研信息资料，并撰写市场调研报告。

2）理论知识目标

（1）掌握市场调研方案的内容和结构、抽样调研的组织方式、抽样误差的分析以及市场调研问卷的设计过程。

（2）掌握市场调研资料整理的一般程序及方法，明确市场调研报告撰写的意义及其类型，了解市场调研报告撰写的基本要求。

2. 实训步骤

（1）由老师把同学们分为若干组（每组4～6人），各组分工合作，每组指定专人负责，确定各调研小组成员，并商量确定本学期调研的主题或项目。

（2）各调研小组根据已选定的调研项目设计市场调研方案。

（3）各调研小组派代表上台讲解本小组的市场调研方案，用 PPT 形式展示。

（4）其他小组成员和任课教师对各小组的市场调研方案进行提问，并提出相应的修改意见。

（5）各调研小组根据老师和同学所提的意见修改市场调研方案。

（6）上交修改后的市场调研方案。

3. 评分标准

（1）市场调研方案的内容是否完整、科学。

（2）市场调研方案是否可行。

（3）发言代表口头表达是否流畅，仪态是否大方得体。

（4）PPT 制作是否简明，重点突出。

（5）回答问题是否到位、准确。

4. 调研报告提交方式

上交书面市场调研报告。

拓展学习　　　在线测试　　　拓展训练

三、案例分析

汽车市场调研的主要内容和
步骤案例 1

汽车市场调研的主要内容和
步骤案例 2

汽车市场调研的主要内容和
步骤案例 3

汽车市场调研的主要内容和
步骤案例 4

汽车市场调研策划案例 1

汽车市场调研策划案例 2

汽车市场调研问卷的设计
案例 1

汽车市场调研问卷的设计
案例 2

汽车市场调研问卷的设计
案例 3

汽车市场调研问卷的设计
案例 4

汽车市场调研报告的撰写
案例 1

汽车市场调研报告的撰写
案例 2

汽车市场调研报告的撰写
案例 3

汽车市场调研报告的撰写
案例 4

四、训练习题

汽车市场调研的主要内容和步骤
训练习题

汽车市场调研策划
训练习题

汽车市场调研问卷的设计
训练习题

汽车市场调研的组织与实施
训练习题

汽车市场调研数据的整理分析
训练习题

汽车市场调研报告的撰写
训练习题

任务 2-2 汽车市场预测

任务引入

美国汽车制造一度在世界上占霸主地位，而日本汽车工业则是 20 世纪 50 年代开始学习美国才发展而来的，但是时隔 30 年，日本汽车制造业突飞猛进，充斥欧美市场及世界各地，为此美国与日本之间出现了汽车摩擦。

在 20 世纪 60 年代，当时有两个因素影响汽车工业：一是第三世界的石油生产被工业发达国家所控制，石油价格低廉；二是轿车制造业发展很快，豪华车、大型车盛行。但是擅长市场调研和预测的日本汽车制造商，首先透过表面的经济繁荣，看到产油国与跨国公司之间暗中正酝酿和发展着的斗争，以及发达国家消耗能量的增加，预见到石油价格会很快上涨。因此，必须改产耗油小的轿车来适应能源短缺的环境。其次，随着汽车数量的增多，马路上的车流量将增多，停车场的收费也会提高，因此，只有造小型车才能适应拥挤的马路和停车场。再次，日本制造商分析了发达国家家庭成员的用车情况：主妇上超市，男主人上班，孩子上学，一个家庭只有一辆汽车显然不能满足需要。这样，小巧玲珑的轿车得到了消费者的宠爱。于是日本在调研的基础之上作出正确的决策，在 70 年代世界石油危机中，日本推出的物美价廉的小型节油轿车横扫欧美市场，市场占有率不断提高，而欧美各国生产的传统豪华车因耗油大，成本高，销路大受影响。

（1）试分析在日美轿车大战中，造成美国汽车工业失败的原因是什么？

（2）请分析日本汽车制造商的市场调研结果在其日后汽车工业发展中的作用。

（3）请结合日美轿车的这一发展情况，分析其对我国汽车企业有何启示？

任务描述

汽车市场预测就是利用市场调研所获得的资料，运用已有的知识、经验和方法，对其汽车市场未来的发展趋势进行预计和推测，定性或定量地估计出汽车市场的发展规律。

汽车市场预测是企业进行经营决策的重要前提条件，是企业制订经营计划的重要依据，同时可使企业更好地适应市场变化，提高企业的竞争能力。

本任务要求学生做到以下几点：

（1）以小组为单位共同完成汽车市场预测的内容；

（2）了解汽车市场预测的概念；

（3）掌握汽车市场预测的步骤和方法。

任务目标

1. 专业能力

（1）了解汽车市场预测的概念；

（2）掌握汽车市场预测的步骤和方法。

2. 社会能力

（1）能树立进取意识、效率意识、规范意识；

（2）能强化人际沟通能力和客户关系维护能力；

（3）具有维护组织目标实现的大局意识和团队能力；

（4）具有爱岗敬业的职业道德和严谨务实勤快的工作作风；

（5）具有自我管理、自我修正的能力。

3. 方法能力

（1）具有利用多种信息化平台进行自主学习的能力；

（2）具有制订工作计划、独立决策和实施的能力；

（3）具有运用多方资源解决实际问题的能力；

（4）具有准确的自我评价能力和接受他人评价的能力；

（5）具有自主学习与独立思考的能力。

相关知识

汽车市场运行规律比较复杂，市场需求经常出现波动，给汽车营销工作带来了很多困难，在加强研究汽车市场运行规律的基础上做好预测工作，对于提高市场营销水平具有重要的现实意义。市场预测是汽车企业经营管理的重要组成部分，能为汽车企业更好地确定经营战略、经营方针、经营思想、经营目标、经营计划等提供可靠的依据，是增强企业活力，提高经营管理水平和市场竞争能力的重要手段，是汽车企业经营决策的基础。为了保证市场预测的科学性和准确性，市场预测人员必须了解市场预测的必要性、分类、内容和原则，掌握市场预测的步骤和方法。

一、汽车市场预测的概念及作用

2-2-1　汽车市场预测的概念和内容课件

2-2-2　汽车市场预测的概念和内容微课视频

（一）汽车市场预测的概念

汽车市场预测是建立在汽车市场调研的基础上的，它是根据汽车市场的相关信息，以及汽车市场宏观环境和微观环境的状况，运用科学的方法和逻辑推理，对汽车市场未来的发展趋势进行估计和推测，定性或定量地估计出汽车市场的发展规律，并对此作出评价，以指导或调节人们未来的行动和方向。汽车市场预测主要包括汽车市场需求预测、汽车供给预测、市场销售预测、汽车产品价格预测、汽车技术发展趋势预测、汽车企业的竞争形势预测、汽车企业本身经营能力的预测等。对汽车企业而言，最重要的就是汽车市场需求预测。

（二）汽车市场预测的作用

汽车市场预测是企业进行经营决策的重要前提条件，是企业制订经营计划的重要依据，同时可使企业更好地适应市场变化，提高企业的竞争能力，它可为汽车市场营销指明方向，汽车市场预测的作用主要表现在以下几个方面：

1. 市场预测是企业制订营销计划的前提

通过市场预测，汽车企业能够了解竞争对手的情况，掌握市场需求的特点及发展变化趋势，从而制定出更科学合理、更有针对性的企业营销计划和策略，不断巩固和开拓市场。

2. 市场预测是汽车企业进行经营决策的重要前提条件

通过市场预测，汽车企业能更有效地了解和掌握市场购买力和消费水平、消费结构，对未来汽车企业的购销情况，本行业的竞争状况心中有数，更好地帮助汽车企业作出正确的经营决策，减少盲目性和失误。

3. 市场预测可使汽车企业更好地适应市场变化，提高企业的竞争能力，可使汽车企业改善经营管理，提高经济效益

通过市场预测，企业可将营销总目标层层分解到各部门、各岗位、各人员，促进企业加强内部管理，改善外部环境，提高经济效益。

汽车市场预测的作用还可以用图形象地表达出来，如图2-2-1所示。

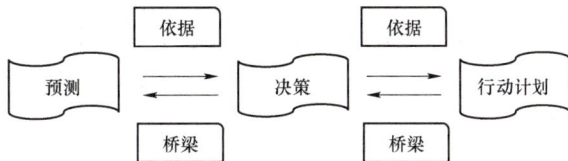

图2-2-1　汽车市场预测的意义

目前由于我国汽车产业正处于快速发展的时期，各大汽车公司都在迅速地扩大规模，抢占市场份额，汽车市场的运行规律极为复杂，汽车市场经常处在剧烈的波动中。在这样的形势下，汽车企业更加有必要在市场调研的基础上，科学地做好市场预测工作，准确地把握未来汽车市场发展的形势，建立科学的企业发展决策，使汽车企业能在复杂的汽车市场环境中生存和发展。

二、汽车市场预测的分类

市场是一个大系统，内容丰富，种类繁多。因此，市场预测的范围宽广，分类标准也很多。一般汽车企业的生产经营活动所涉及的市场预测主要有三种分类：第一类是按预测的程度和范围分类；第二类是按预测期限分类；第三类是按预测性质分类。

（一）按预测的程度和范围分类
市场预测按预测的程度和范围可分为宏观预测和微观预测。

1. 宏观预测
它是从宏观经济管理的角度对整个国民经济发展的趋势所作的预测，如对整个国家的政治生活、经济生活、人口政策以及资源、能源、自然环境等综合开发和治理方面的预测。宏观预测通常是由国家有关部门进行的，企业可通过有关途径获得。

2. 微观预测
微观预测是企业确定生产目标和进行营销决策的重要依据。它可指示市场未来的发展趋势，帮助企业确定经营方向，增强企业的应变能力，如对本行业或本企业产品的需求情况预测、生产能力预测、销售预测、潜在用户预测等。

（二）按预测期限分类
市场预测按预测期限可分为长期预测、中期预测和短期预测。

1. 长期预测
这是指预测期在5年及5年以上的市场预测，主要为企业制订长远规划、选择战略目标提供决策信息。例如，汽车企业对厂房建设、生产线设备的更新添置、新产品投资等都要作长期预测。

2. 中期预测
这是指对1~5年的市场发展前景进行的市场预测，这种预测主要是为企业的中期计划服务。例如，汽车企业在采购生产周期较长的一些产品或原材料、开发一款新车型时，一般都要作中期预测。

3. 短期预测
这是指1年以内的市场预测，这种预测主要是为了企业的日常经营管理及编制年度生产经营计划。例如，企业在确定年度生产产量、财务计划和销售目标时，都要以短期预测为依据。

（三）按预测性质分类
市场预测按预测性质可分为定性预测、定量预测和综合预测。

1. 定性预测

定性预测是以有关人员的直觉和经验,对预测对象目标运动的内在机制进行质的判断。

2. 定量预测

定量预测是运用预测理论和有关的数学模型,对预测对象目标运动质的规律进行描述。

3. 综合预测

综合预测是把定性和定量方法结合起来使用,对预测对象目标运动质的规律所作出的描述。

此外,还可按市场的地区范围等分类标准对预测进行分类,在此不多述。

三、汽车市场预测的主要内容

市场营销活动受宏观和微观的多种因素影响和制约,因而汽车企业进行市场预测的内容很多,涉及市场营销的各个方面,既包括对市场发展趋势的预测,又包括对具体汽车产品的供求数量、质量及各种影响因素和影响程度的预测,归纳起来主要有以下几个方面:

(一)市场需求预测

市场需求预测是根据有关资料对汽车产品未来的需求变化进行细致的分析研究,掌握需求的内在规律,对其发展趋势作出比较正确的估计和判断。市场需求预测根据人口的变化、国民物质文化生活水平提高的程度、社会购买力的增减,以及国民爱好习惯、消费结构的变化等因素,分析市场对产品的需求,既包括对产品数量的需求,同时也包括对产品质量、造型、规格、价格等方面的要求。市场需求预测是制定企业营销战略的重要依据,因而是市场预测的首要内容,预测包括多项因素,市场需求预测的主要内容如下:

1. 产销趋势的中长期预测

这是把重点放在汽车企业的长期经营方向上,侧重于根据科学技术的发展,深入研究影响产销的技术因素,并结合市场竞争、资源条件等的变化,制定汽车企业的产品发展计划。

2. 产销趋势的短期预测

产销趋势的短期预测要求以本企业产品的原材料来源、成本、价格等为依据,与同行业同类产品比较,做好近期内市场需求对本企业产销影响的预报,以指导本企业作出相应的对策。

3. 单品种专题预测

单品种专题预测主要是对本企业新产品投入市场后的销售状况和顾客对产品在价格、质量、造型、装饰等方面的反应进行研究和分析,提出改进和扩大新产品产销的建议。

4. 国民经济发展趋势预测

预测国民经济的发展趋势,实际上就是预测企业的投资方向和发展方向,它在市场需求预测中起到宏观指导的作用。

5. 市场需求量预测

市场需求量是指在理想的市场条件下,某种商品可能达到的最大市场销售量。市场需求量预测是从部门的角度来预测某种产品的市场需求量。市场需求量的大小，既受外部环境的影响，也受内部条件的制约。即使企业不增加任何营销力量，在市场极不景气的情况下，市场需求也不会等于零，总有一个最低需求点。在企业付出同等营销努力的情况下，由于市场环境的影响，也会出现不同的需求量。因此，企业的市场需求量预测值只能局限于需求最低点和需求最高点之间。由于产品的差别，其市场需求最高点与最低点之间的差距是不同的。在可拓展的市场中，其差距较大，在不可拓展的市场中，其差距较小。因而在预测时必须全面考虑各种因素。

（二）市场占有率预测

企业市场占有率的高低，同企业营销力量的大小有直接关系。因此，市场占有率指在一定的市场范围内，企业某种产品中的销售量或销售额与该市场上同类产品的总销量或销售额之间的比例。市场占有率预测是对某种产品的某品牌需求量或最好销量的预测，着重考虑产品本身的特性和销售力量对销售量的影响。即：

$$市场占有率 = \frac{企业某种产品销售量（销售额）}{市场上同类产品的总销售量（销售额）} \times 100\%$$

（三）生产情况预测

企业的根本目标是在不影响社会效益的前提下，努力提高企业的经济效益。在了解市场需求和市场占有率的同时，必须深入了解自己和竞争者的生产情况，了解市场上所有汽车产品的生产能力和布局、资源、能源等情况，以及汽车产品的数量、质量和性能等，企业只有在弄清楚这些基本情况后，才能针对竞争者制定出正确的竞争目标和竞争策略，并且预测其发展变化趋势。

（四）市场销售预测

市场销售预测是对本企业汽车产品销售量、销售价格及营销效益进行的预测。它是在市场需求预测基础上进行的一种深层次预测。

销售量预测是在市场需求预测和市场占有率预测的基础上，对今后一定时期内销售水平的具体测算。其计算公式为：

$$销售量 = 市场需求量 \times 市场占有率$$

四、汽车市场预测的步骤

2-2-3　汽车市场预测的步骤和方法微课视频　　　2-2-4　汽车市场预测的步骤和方法课件

汽车市场预测涉及面较广，为了提高预测工作的效率和质量，必须按照一定的工作程序来进行，汽车市场预测的步骤如图2-2-2所示。

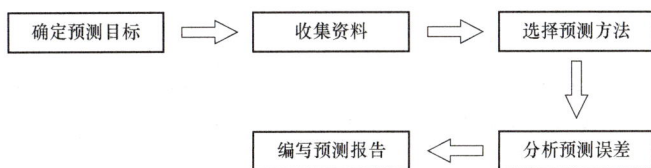

图 2-2-2　汽车市场预测的步骤

（一）确定预测目标

进行预测，首先要解决为什么预测的问题，即通过预测要解决什么问题，同时还应规定预测的期限和进程，划定预测的范围。有了明确的预测目标，才能为进一步收集资料、选择预测方法指明方向。预测目标确定以后，就应根据目标的难易程度制订预测计划，包括调配预测人员、编制费用预算、安排工作日程等内容，使预测工作有计划、有步骤地开展。

（二）收集资料

它是指围绕预测目标，通过调研、搜集、整理、筛选、分析与主题有关的各种资料，如汽车行业及有关行业的统计资料、国内外有关汽车工业经济情报和反映市场动态的资料等。这样才能对市场变动的规律性和预测对象的发展趋势进行具体分析，同时为建立预测模型提供必要的数据。市场预测的资料包括历史资料和现实资料两大类，收集资料一定要以预测的目标和要求为依据，力求做到资料具有广泛性和适用性。预测所需资料包括与预测对象有关的各种因素的历史统计数据资料和反映市场动态的现实资料。其中，市场调查资料是一个重要的信息来源，收集、分析和整理数据资料是预测工作中重要的一环，因为只有正确地、充分地总结过去，才能正确地推测未来。数据资料收集要注意广泛性、适用性和可靠性。

（三）选择预测方法

选择适当的预测方法及模型进行预测是取得预测成果的关键一步。汽车市场预测应根据预测目标和现有的资料，选择适当的预测方法。在选择预测方法及模型时，应综合考虑预测目标的要求、所收集到的资料情况、预测人员的专业技术水平等，因为每一种方法和模型都有其适用的条件及范围。预测的方法及模型很多，各有其预测对象、范围和条件，通常是几种方法交叉使用、互相补充，所以，应根据预测问题的性质、占有资料的多少、预测成本的大小，选择一种或几种方法。

（四）分析预测误差

预测是对未来事件的预计推测，很难与实际情况完全吻合，因而要对预测结果进行判断、评价，要进行误差分析，分析产生误差的原因并判断误差大小。若误差较大，应修改调整预测模型得出的预测值，或考虑用其他更适合的预测方法，以得到较难确的预测值。一般误差最好控制在正负 10%～15%。

（五）编写预测报告

预测者在对预测结果进行必要的评价、检验和修正后，要确定最终预测值，并编写预测报告，递交有关部门，供其决策时参考。预测报告应该概括预测研究的主要活动过程，包括预测目标、预测对象及有关因素的分析结论、主要资料和数据、预测方法的选择和模型的建立，以及对预测结论的评估、分析和修正，等等。

五、汽车市场预测的方法

迄今为止，预测理论产生了很多预测方法，其中常用的方法有 30～30 种，归纳起来，预测方法大体可分为两大类：

（一）定性预测法

定性预测法也称为判断分析法，它是由预测者根据拥有的历史资料和现实资料，依据个人的知识和综合分析能力，通过对有关资料的分析推断，凭借个人的主观判断来预测未来汽车市场发展趋势的一种方法。从本质上来讲，它属于质的分析的预测方法，比较适合于对预测对象未来的性质、发展趋势和发展转折点进行预测，适合于缺乏数据的预测场合，如技术发展预测、处于萌芽阶段的产业预测、长期预测，等等。

定性预测法的优点是易学易用，便于普及推广，成本低，费时少。其缺点是受预测者的主观因素影响较大，依赖预测人员本身的经验、知识和技能素质，不同的预测人员对同一问题的预测结论，往往会有较大差别。但由于市场活动有许多偶然因素，很难用定量的方法直接计算，因而即使在科学技术现代化的情况下，定性预测法仍然被广泛采用，已成为在历史资料不全或不准的条件下采用的主要方法，常用的定性预测法主要包括以下几种：

1. 德尔菲法

德尔菲法亦称专家小组法，是 20 世纪 40 年代由美国兰德公司的梅默等人发明的预测方法，它可以用于技术预测和经济预测、短期预测和长期预测，尤其是对于在缺乏统计数据而又需要对很多相关因素的影响作出判断的领域，以及事物的发展在很大程度上受政策影响的领域，更适合应用德尔菲法进行预测。

德尔菲法是市场预测的一个重要的定性方法，应用十分广泛，这种方法是按规定的程式，采用背对背的反复征询方式，征询专家小组成员的意见，经过几轮的征询与反馈，使各种不同意见渐趋一致，经汇总和用数理统计方法进行分析，得出一个比较统一的预测结果供决策者参考。在采用德尔菲法进行预测的过程中，选择专家与设计意见征询表是两个最重要的环节，他们是德尔菲法成败的关键。德尔菲法的预测程序如图 2-2-3 所示。

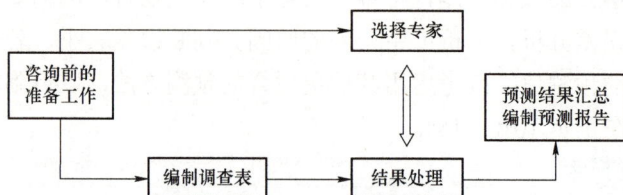

图 2-2-3　德尔菲法的预测程序

该方法的不足之处是需要进行多轮反馈调查，花费的时间相对较长，一旦有专家由于某种原因中途退出，预测结果的全面性将会受到影响；预测结论是根据专家的主观判断作出的，而专家的意见没有经过严格的论证，进而会影响到预测结果的准确性；专家的意见正确与否，缺乏客观的检验标准。

该方法的优点是专家互不见面，使参与预测的专家能够背靠背地充分发表自己的看法，避免了屈服于权威或屈服于多数人意见的缺点，可以减少多数意见造成的晕轮效应或见风转舵效应，从而使各预测专家可以独立完成工作，保证了预测活动的民主性和科学性。

2. 集中意见法

集中意见法适合于做近短期的市场预测，是将有关汽车企业的管理、业务、销售、计划等相关人员集中起来，交换意见，凭他们的经验和判断共同讨论市场变化趋势，进而做出预测的方法。由于经营管理人员、业务人员等对市场的需求和变化较为熟悉，因而他们的判断往往能反映市场的真实趋势。

具体做法是：预测组织者首先向企业管理人员、业务人员等有关人员提出预测项目和期限，并尽可能地向他们提供有关资料。有关人员根据已收集的信息资料和个人经验分析、判断，提出各自的预测方案。接下来，预测组织者计算有关人员预测方案的方案预测值，并将参与预测的有关人员进行分类，计算各类综合期望值，最后确定最终的预测值。

这种方法的优点是简单易行，成本也较低。在市场的各种因素变动剧烈时，能够考虑到各预测定量因素的作用，从而使预测结果更接近现实。它可以与其他定量预测法配合使用，取长补短，以确保预测值的可靠性和准确性。这与德尔菲法既有共同点，也有不同点。这是面对面讨论的办法，能够相互启发，简便易行，没有繁复的计算。在缺少历史资料或对其他预测方法缺乏经验的情况下，是一种可行的办法。但其最大的缺点是受到预测人员的知识和经验的限制。

3. 类推法

类推法是应用相似性原理，把预测目标同其他类似事物加以对比分析，推断其未来发展趋势的一种定性预测法。它一般适用于开拓市场，预测潜在的购买力和需求量以及预测增长期的商品销售等，而且适合于较长期的预测。

定性预测法还有社会（用户）调查法（即面向社会公众或用户展开调查）、小组讨论法（会议座谈形式）、单独预测集中法（由预测专家独立提出预测，再由预测人员予以综合）、领先指标法（利用与预测对象关系甚密的某个指标变化对预测对象进行预测，如通过对投资规模的监控来预测汽车需求量及需求结构）、主观概率法（预测人员对预测对象未来变化的各种情况作出主观概率估计），等等。

总之，随着社会经济及科学技术的发展，预测方法也在不断地发展和完善。汽车市场预测人员应不断加强理论学习，并通过实际预测，总结出一些实用的方法。

（二）定量预测法

定量预测法也叫统计预测法。它是根据掌握的大量数据资料，运用统计方法和数学模型近似地揭示预测对象的数量变化程度及其结构关系，并用来预测未来市场发展变化情况的方法。应该指出，在使用定量预测法进行预测时，要与定性预测法结合起来，才能取得良好的效果。

其优点是受主观因素影响较少，偏重于数量方面的分析，重视市场变化的程度。其缺点是涉及统计计算，较为烦琐，不易灵活掌握，难以预测市场质的变化。此法一般是在所掌握的历史统计资料较为全面系统、准确可靠的情况下采用。汽车市场定量预测法一般有以下几种：

1. 时间序列法

所谓时间序列法，就是指将过去的历史资料和数据，按时间顺序排列起来形成一组数字序列，然后向外延伸，预测市场未来发展趋势。某产品历年的销量（均以时间序列）可以按趋势、周期、季节和意外事件四个主要因素来分析。例如某汽车销售商今年已销售出汽车 12 000 辆，现在预测明年的销量。已知年增长趋势为每年递增 5%，估计明年的销量为 12 600（12 000×1.05）辆。但由于经济下滑，预计销量仅为正常情况下的 80%，即 10 080（12 000×0.8）辆。如果每月销量相等的话，那么月平均销量应为 840（10 080÷12）辆。然而，12 月往往是销售高峰，高于其他月份，季节指数为 1.4。所以，预计明年 12 月的销量可能达到 1 176（840×1.4）辆。这种方法简单易行，应用较为普遍。但经济事件的未来状态不可能是过去的简单重复，因此，这种方法适用于短期预测或中期预测。时间序列的数据随时间的变化波动很大，市场环境变化也很大，国家的经济政策也有重大变化，经济增长发生转折，一般不宜采用这种方法。它具有以下特点：

（1）假定事物的过去会同样延续到未来。

（2）时间序列的数据变化同时存在规律性和不规律性。

（3）不考虑市场发展的因果关系。

为确保对经济现象的发展过程及其规律性进行动态分析的正确性，就要保证时间序列中各数值之间具有可比性。因此，在编制时间序列的过程中，应尽量做到总体范围、时间单位、指标的经济内容、指标的计算方法和计算单位等一致。

时间序列预测模型有多种，主要方法有移动平均法、加权移动平均法、指数平滑法和直线趋势法四种。

2. 因果预测法

市场的发展变化是由多种因素决定的，市场的发展趋势是多种因素作用的综合结果，因此，市场的发展变化与影响其变化的各种因素的变化之间存在一定的依存关系，称为因果关系，因果预测法（演绎推论法）就是通过分析市场变化的原因，利用经济现象之间的内在联系和相互关系来推算未来变化，根据历史资料的变化趋势配合直线或曲线，用来代表相关现象之间的一般数量关系的预测方法。它用数学模型来表达预测因素与其他因素之间的关系，是一种比较复杂的预测技术，理论性较强，预测结果比较可靠。由于需要从资料中找出某种因果关系，所以需要的历史资料较多。因果分析法又可分为回归分析法、矩阵分析法、经济计算法等。

3. 市场细分预测法

市场细分预测法是指对产品的使用对象按其具有同类性划分类别，确定出若干细分市场，然后对各个细分市场根据主要影响因素，建立需求预测模型的预测方法。如对我国轿车市场预测可按下述结构进行细分预测，如表 2-2-1 所示。

表 2-2-1　我国轿车市场预测表

市场划分	主要影响因素	需求预测模型
县级以上企事业单位	单位配车比	单位数×配车比
县级以下企事业单位	单位配车比	单位数×配车比
乡镇企业	经济发展速度	需求量＝f（乡镇企业产值）
出租旅游业	城市规模及旅游业发展	$\sum$各类城市人口数×各类城市每人配车比
家庭私人	人均国民收入	需求弹性分析

六、知识能力拓展——市场分析常用的模型

（一）平均数预测法

平均数预测法包括简单平均法、加权平均法、移动平均法和指数平滑法等多种形式。

1. 简单平均法

简单平均法是指通过对一定观察期时间序列的数据求得平均数，以平均数为基础确定预测值的方法。这是市场预测中最简单的定量预测法，这里主要介绍算术平法。

算术平均法即根据对 n 个观察值计算平均值来作为预测值，它最大的优点是计算十分方便，一般用于预测对象并无显著的长期趋势和季节变动的情况下。算术平均法的数学模型为：

$$y'_{n+1}=\frac{\sum\limits_{i=1}^{n} y_i}{n}=\frac{y_1+y_2+\cdots+y_n}{n}$$

式中：y'_{n+1}——第 $n+1$ 期销售量的预测值；

y_i——第 i 期实际销售量；

n——所选资料期数。

算术平均法计算简单，因而用起来很方便，但把用全部资料之和除以求和时使用的资料个数而求得的算术平均值直接作为预测值，其精确度不会很高，而且因为使用的都是过去统计的资料，无法反映市场状况的变化及发展趋势，预测结果往往与实际结果有偏差。

2. 加权平均法

算术平均法对所有在预测中的观察值（不论新旧）一律同等对待，这是不符合市场发

展实际情况的。而加权平均法是在预测中根据每个预测值的重要性给予其不同的权数，根据越是近期数据对预测影响越大这一特点，不同等地对待移动期内的各个数据（预测值）。它对近期数据给予较大的权数，对较远的数据给予较小的权数，这样可弥补简单平均法的不足。加权平均法的数学模型为：

$$y = y_w = \frac{\sum\limits_{i=1}^{n} w_i x_i}{\sum\limits_{i=1}^{n} w_i}$$

例如：某汽车企业 2016 年 1—6 月的销售额分别为 260 万元、270 万元、240 万元、280 万元、260 万元、250 万元，假定给予这 6 个月的观察值相应的权数依次为 1、2、3、4、5、6，用加权平均法预测该企业 7 月的销售额。

解：用加权平均法计算的 7 月的预测值为：

$$y = y_w = \frac{\sum\limits_{i=1}^{n} w_i x_i}{\sum\limits_{i=1}^{n} w_i}$$

$$= \frac{1 \times 260 + 2 \times 270 + 3 \times 240 + 4 \times 280 + 5 \times 260 + 6 \times 250}{1 + 2 + 3 + 4 + 5 + 6}$$

$$= 259（万元）$$

3. 移动平均法

移动平均法属于时间序列法中最简单的一种方法，即根据已有的时间序列统计数据，加以平均化，以此推断市场未来发展趋势的预测方法。移动平均法是假定某预测事件的预测值，仅与该事件预测期内相邻的实际数值的变化有关，在一组观察值中，利用与预测值相邻的近期资料来计算平均值的一种方法。

具体计算方法是：在计算时，随着预测期的向前移动，只采用一定移动期数的近期数据来计算平均预测值。其计算公式为：

$$y'_{n+1} = \frac{1}{k} \sum\limits_{i=n-k+1}^{n} y_i$$

式中：y'_{n+1}——$n+1$ 期的一次移动平均预测值；

y_i——第 i 期的实际销售值；

k——移动跨期。

例如：某汽车企业 2016 年前 10 个月的销售额如表 2-2-2 所示。

表 2-2-2　某汽车企业 2016 年前 10 个月的销售额

期数	实际销售额/万元	五期移动平均数（k=5）	五期移动平均数（k=7）	期数	实际销售额/万元	五期移动平均数（k=5）	五期移动平均数（k=7）
1	50			7	68	49.4	52.1
2	51			8	58	52.8	53.3
3	49			9	48	54.6	52.9
4	40			10	78	56.2	57
5	55			11		60.8	57
6	52	49		12			

现分别以 5 个月和 7 个月的实际销售额的平均值作为第 11 个月的销售量的观察值。其计算结果如表 2-2-2 所示。

当 k=5 时，则第 11 个月的预测值为：

$$y'_{11} = 1/5（52+68+58+48+78）= 60.8（万元）$$

当 k=7 时，则第 11 个月的预测值为：

$$y'_{11} = 1/7（40+55+52+68+58+48+78）= 57（万元）$$

应用移动平均法时要注意的首要问题是移动平均数 k 的取值，k 的取值不同，移动平均值也不一样。k 取值大，移动平均数对干扰的敏感性较低，预测值的趋势性比较稳定，但落后于可能发展的趋势。k 取值小，移动平均数反映实际趋势较敏感，但也因此而易造成错觉。到底 k 的取值多大，应视具体情况来定。一般来说，若时间序列数据波动大，k 值宜取较大值；反之，k 值应取较小值。其次，如经过简单移动平均后的数据仍不能反映数据发展的趋势，就需进行二次移动平均，以预测其总体发展趋势。二次移动平均法就是在一次移动的基础上再进行一次移动处理，方法和前面介绍的基本相同。

4. 指数平滑法

指数平滑法的原理就是认为最新的观察值包含了更多的未来信息，因而应赋予最大的权重，越远离现在的观察值，则应赋予越小的权重。指数平滑法是由加权平均法和移动平均法发展而来的，其特点是进一步强调近期实际值对预测值的影响和作用。通过这种加权的方式，平滑掉观察值序列中的随机信息，找出发展的主要趋势。

指数平滑法按平滑次数的不同又分为一次指数平滑法、二次指数平滑法和三次指数平滑法三种。二次指数平滑法是在一次指数平滑法的基础上再作一次平滑。同样，三次指数平滑法是在二次指数平滑法的基础上再作一次平滑。在预测值要求不是过于详细的情况下，通常采用一次指数平滑法。一次指数平滑法的公式为：

$$y_{t+1} = \alpha\beta_t + (1-\alpha)y_t$$

式中：y_{t+1}——本期预测值；

β_t——上期实际值；

y_t——上期预测值；

α——平滑系数（$0 \leqslant \alpha \leqslant 1$）。

平滑系数α值的大小取决于上期实际值在预测值中所占比重的大小，当预测值较实际值的差距较小时，α值应取得小一些；反之，则应取得大一些，通常α的取值范围在$0.1 \sim 0.3$。

（二）直线趋势法

直线趋势法多用于事物发展较稳定、变化幅度不大的长期发展趋势预测分析中，它是从过去若干期资料中找到一条带有一定倾向性的趋势线，称为回归线，将这条回归线延长，用来预测事物发展趋势的方法。回归线的公式由最小二乘法确定为：

$$y = a + bx$$

式中：y——预测值；

a、b——回归系数（a为回归线的截距，b为回归线的斜率）；

x——时序周期。

其中：

$$a = \frac{\sum y_i}{n} \ ; \ b = \frac{\sum x \cdot y_i}{\sum x^2}$$

y_i——实际值；

n——期数。

任务实施

要全面理解汽车市场预测所涉及的基础知识，并很好地解决本项目任务中所描述的美国汽车工业失败的原因，按工作流程来实施任务，通过完成任务来进一步学习，掌握达到项目目标所需的知识与技能，建议采取如下方式开展学习和训练：

一、在线学习

登录"汽车营销与服务专业教学资源库"，选定《汽车营销技术》课程中汽车市场预测的相关微课程，观看微课教学视频，并完成相应的进阶训练，在微课学习中如有疑问，可在线提问，与教师互动交流。

二、手册学习

认真学习《〈汽车营销技术〉学生学习手册》，进一步掌握汽车市场预测的知识和技能，完成"难点化解"题目。

三、模拟训练

假定你与学习小组成员商讨和学习汽车市场预测工作，并采用角色扮演法在课堂上展示自己如何进行汽车市场预测，让老师和其他同学给予帮助和指导。

拓展提升

一、拓展任务

小李大学毕业后来到××汽车销售服务公司应聘市场部顾问。市场部主考人员提出的面试问题是让小李谈谈汽车市场预测的基本流程和注意事项。如果你是小李，你将如何回答呢？

1. 请试想小李如何言简意赅地阐述汽车市场预测的基本流程和注意事项？

2. 小组课后运用角色扮演法模拟训练该场景，并拍摄微视频上传至资源库平台（或空间）。

二、拓展训练

1. 汽车市场预测的内容有哪些？

2. 汽车市场预测的步骤和方法有哪些？

拓展学习

在线测试

成果提交

三、案例分析

汽车市场预测概念和内容
案例

汽车市场预测步骤和方法
案例

四、训练习题

汽车市场预测步骤和方法
训练习题

汽车市场预测步骤和方法
训练习题

项目三

汽车营销策略

　　在进行汽车营销时，强调以市场为导向，以产品销售为目的，在企业开发生产适当产品的基础上，采取合理的价格，通过有效快捷的分销渠道，再加上必要的促销手段，从而实现企业的预期目标。本项目主要讨论利用 4P 营销理论进行汽车营销。

任务 3-1 产品策略

任务引入

从市场营销的角度来讲，产品是指提供给市场用于满足人们某种欲望和需要的一切有形物品和无形服务。它是市场营销活动的中心，是市场营销组合中最重要也是最基本的因素。企业在制定市场营销组合策略时，必须先决策生产什么样的产品来满足目标市场的需求。可以说，产品策略直接影响和决定企业制定市场营销组合，它是企业制定市场营销组合策略的基础。

任务描述

汽车企业的营销活动以满足消费者的需求为中心，而市场需求的满足只能通过提供产品和服务来实现，汽车企业的成功与发展关键在于汽车产品能在多大程度上满足消费者各种层次的需要，以及汽车产品策略的正确与否。

汽车目标市场确定以后，企业就要根据目标市场的需要来开发和生产满足市场需求的产品。企业还要制定相应的品牌包装策略，利用合理的汽车产品组合，根据汽车产品在市场上的寿命状况运用各种营销策略，使企业的产品能受到消费者的欢迎，同时不断推出新的产品，力争长盛不衰，取得良好的经济效益。

任务目标

1. 知识目标

（1）熟悉汽车产品的不同生命周期和应采取的阶段性策略。

（2）理解汽车产品的组合策略。

（3）掌握汽车产品的品牌策略。

2. 能力目标

（1）能够针对不同的汽车产品生命周期采取不同的策略。

（2）能够对汽车产品的组合策略进行描述。

（3）能够结合某区域的汽车市场帮助汽车企业进行产品品牌规划。

一、产品整体概念和产品组合

3-1-1　产品整体概念和
产品组合课件

3-1-2　产品整体概念和
产品组合微课视频 1

3-1-3　产品整体概念和
产品组合微课视频 2

　　汽车产品是汽车市场营销的物质基础，是汽车市场营销组合中最重要的因素。在现代市场条件下，企业之间的激烈竞争都是以产品为中心展开的，企业在制定营销策略时首先考虑的就是生产什么样的产品来满足市场的需求。营销组合中的方法，也必须以汽车产品为基础进行决策。因此，汽车产品策略是整个营销组合策略的基石。

（一）汽车产品的概念

　　按照传统概念，产品就是某种有形的劳动生产物。但是产品不仅包含有形的实物，而且包括无形的信息、知识、版权、实施过程以及劳动服务等内容。而汽车产品是指汽车市场提供的能满足消费者某种欲望和需要的产品，它不仅包括有形的实物，还包括无形的服务、信息、知识及品牌等。

　　广义的汽车产品概念又称为汽车产品整体概念。汽车产品整体概念体现了以顾客为中心的现代营销观念，它把市场营销的产品范围扩展到劳务及其他所有的部门，为企业开发适合消费者需要的有形和无形产品、挖掘新的市场机会提供了新的思路。近年来，国外一些权威的学者更倾向于用五个层次来表述产品整体概念，这五个层次依次如图 3-1-1 所示。

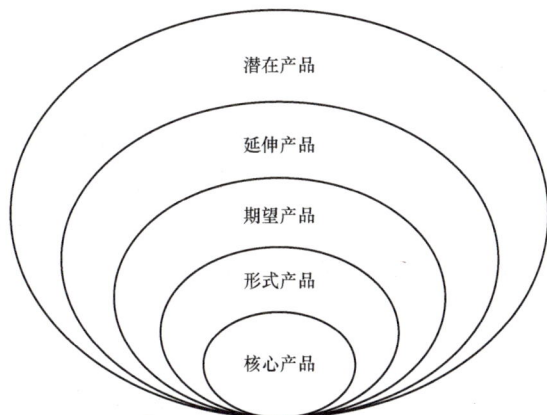

图中层次（由外到内）：潜在产品、延伸产品、期望产品、形式产品、核心产品

图 3-1-1　产品整体概念的五个层次

1. 核心产品

产品实质属产品的本质层次，是满足用户需要的核心内容，即用户所需要的基本效用或利益。消费者购买某品牌汽车产品并不是为了占有空壳或获得汽车的某些零部件，而是为了满足某种需要。如为了能运输货物或代替步行，这就是汽车产品的核心内容。从根本上说，每一种产品实质上都是为解决问题而提供的服务。如汽车是面向中高档消费群体的产品，定价都相当高。而作为一种高价产品，首先在核心产品这个理念中，它必须具备超一流的品质，在质量考核上应做到可靠保证。而大多数消费者并不会认为这是个问题，也不会在购买过程中特别考虑，但一旦质量都无法保证，它将会一败涂地，同时核心产品承载的是产品品牌最本质的竞争能力，也是产品的立足点，作为汽车产品，如果没有良好的品质，则无法形成品牌从而承载高昂的价格。良好的核心产品是诚实守信的体现，因此汽车产品一定要抓好这个最本质的竞争能力。

2. 形式产品

形式产品是核心产品借以实现的形式或满足目标客户某一需求特征的形式，即企业向市场提供的产品实体和劳务的外观，主要包括品质、式样、特色、品牌名称及包装等。具体来说，就是质量水平、汽车造型、外观特色、汽车品牌。

3. 期望产品

期望产品是指用户在购买产品时所期望得到的与产品密切相关的一整套属性和条件。它主要是用户或消费者购买产品前，对产品的一种期望。期望产品实际上是指一系列属性和条件。例如，汽车消费者期望得到舒适的车厢、导航设施、安全保障设备等。

4. 延伸产品

延伸产品是指用户在购买产品时所得到的附加服务或利益，包括产品说明书、保证、安装、维修、送货、技术培训等。如汽车消费者希望提供售后服务、保养、提供信贷、保修、包换等。在延伸产品方面获取竞争优势，其实是通过对影响顾客评价附加产品质量高低的因素进行科学分析，选择在延伸产品方面被顾客所重视的多种特质来满足其独特的需求，从而获取强有力的竞争地位。

5. 潜在产品

潜在产品即包括所有延伸产品在内的现有产品中，可能发展成为未来最终产品的潜在状态的产品。它指出了现有产品可能的演变趋势和前景。汽车潜在产品能指示汽车产品的可能发展前景。如普通汽车可以发展为水陆两用的汽车等。

汽车延伸产品主要是针对今天的汽车产品，汽车潜在产品代表着汽车产品可能的演变。

产品整体概念的五个层次十分清晰地体现了以顾客为中心的现代营销观念。这一概念的内涵和外延都是以消费者的需求为标准的，由消费者的需求来决定的。它要求将消费需求视为一个整体系统，给企业开发、设计产品提供新的方向。整体产品概念揭示了企业产品差异可以体现在五个层次的任何一个方面，因而也为企业的产品差异化策略提供了新的线索。产品整体概念包含了重视服务的基本思想，要求企业随着实体产品的出售，应加强对不同层次购买者的各种售后服务。

（二）产品组合

产品组合，又称产品搭配，是指企业提供给市场的全部产品线和产品项目的组合或结构，可以简单地理解为企业的全部业务经营范围。企业为了实现营销目标，充分有效地满足目标市场的需求，必须设计一个优化的产品组合。

研究产品组合，必须准确理解以下几个概念：

1. 产品项目

产品项目即产品目录中列出的每一个明确的产品单位，具有一种型号、品种、价格、外观的产品就是一个产品项目。

2. 产品线

产品线是指在某种特征上相互关联或相似的一组产品，通常属于产品大类的范畴。企业可以根据经营管理、市场竞争、消费者所需服务等具体要求来划分产品线。

3. 产品组合的衡量

产品组合的衡量，通常可以采取以下四个变数：产品组合的宽度、产品组合的长度、产品组合的深度和产品组合的关联度。

产品组合的宽度：生产经营的产品系列（产品线）数目。

产品组合的长度：产品组合里产品项目的总数。

产品组合的深度：产品线上每一类产品的项目有多少品种。

产品组合的关联度：不同产品（系列之间）在用途、生产制造、销售渠道等方面的相似（关）程度。

（三）汽车产品组合策略的内容

企业为了实现营销目标，满足目标市场的需求，必须优化产品组合。汽车产品组合策略，就是汽车企业根据市场需求、竞争形势和企业自身的能力水平，对汽车产品组合的广度、深度和关联度进行决策。一个汽车企业为了获得最大的销售额和利润，确定一个最佳的汽车产品组合是十分重要的。

1. 确定汽车产品组合策略要考虑的要素

（1）企业所拥有的资源条件的限制；

（2）市场基本需求情况的限制；

（3）同行竞争条件的限制。

2. 确定汽车产品组合策略一般应参照以下策略

1）产品项目（汽车品种）发展策略

（1）如果企业增加汽车产品品种，可增加利润，表明产品线太短；

（2）如果企业减少汽车产品品种，可增加利润，表明产品线太长。

2）产品线（车型系列）发展策略

即增加产品线或加强有发展潜力的产品线。

3）产品线延伸策略

包括向下延伸、向上延伸、双向延伸三种。

3. 面对严酷的市场竞争，汽车企业扩大汽车产品组合的三种形式

1）扩大汽车产品的广度

一个汽车企业在生产设备、技术力量所允许的范围内，既有专业性又有综合性地发展多品种。扩大汽车产品组合的广度，可以充分利用企业的人力和各项资源，使汽车企业在更大的领域内发挥作用，并且可以分散汽车企业的投资风险。

2）加深汽车产品的深度

加深汽车产品组合的深度，可以占领该行业同类汽车产品更多的细分市场，迎合更广泛的消费者的不同需要和爱好。

3）加强汽车产品的关联度

一个汽车企业的汽车产品应尽可能地相互配套，如汽车内饰、汽车涂料等。加强汽车产品组合的关联度，可提高汽车企业在某一地区某一行业的声誉，但扩大汽车产品组合往往会分散营销商和营销人员的精力，增加管理困难，有时会使边际成本加大，甚至由于新产品的质量性能等问题，而影响企业原有产品的信誉。

二、产品生命周期

3-1-4　产品生命周期课件　　　3-1-5　产品生命周期微课视频

任何一种产品，在市场上都不会永远畅销，它自投入市场到退出市场，都要历经销售形势由弱到强，又由盛转衰的发展演变过程。

（一）产品生命周期的概念

产品生命周期（Product Life Cycle），简称 PLC，是产品的市场寿命，即一种产品从投放市场开始到退出市场为止的周期性变化的过程。其长短主要取决于市场竞争的激烈程度和科技进步的快慢。

汽车产品生命周期是指一款汽车从投放市场开始到该产品停产、退市所经历的时间阶段。在这个过程中，产品的销售情况和盈利能力都会发生一些规律性变化，这种变化的规律正像人的生命一样，从出生、成长到成熟，最终走向衰老死亡。

正确理解汽车产品生命周期应注意以下几个问题：

（1）汽车产品生命周期不同于产品的使用寿命。

（2）汽车品牌、车系、车型的生命周期各不相同。

（3）汽车产品生命周期仅是理论描述。

（二）产品生命周期理论

从产品的最初投放到退出市场，汽车产品生命周期可分为四个阶段，即导入期、成长期、成熟期和衰退期。如图 3-1-2 所示。

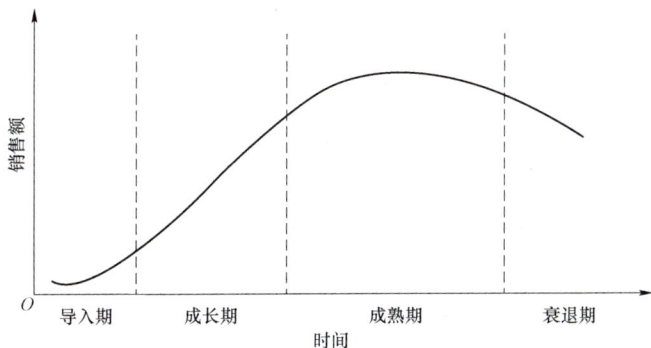

图 3-1-2　汽车产品生命周期

1. 导入期的市场特点及营销策略

市场特点：消费者对产品不了解，销量少，制造成本高，销售额增加缓慢，利润较低。

营销策略：重点在"准"上。

1）快速掠取策略

即采取高价格，以大量的广告宣传费用迅速扩大汽车销售量来加速对市场的渗透，以图在竞争者尚未反应时，先声夺人，捞回本钱。采用这种策略的前提是：消费者愿意支付高价，大部分潜在消费者还不了解此种汽车产品，同时，这种汽车产品应具有老产品所没有的特色，以适应汽车消费者的某种需求。

2）缓慢掠取策略

即采用高价格，以少量的广告宣传促销费用带给企业较多的利润。采用这种策略的前提是：汽车产品必须具有独创的特点，填补了市场的某项空白。它对汽车消费者来说主要是有和无的问题，选择性小，直接竞争威胁不大。

3）快速渗透策略

即采用低价格，以大量的广告宣传费用，迅速占领或挤入市场。采用这种策略的前提是：市场容量相当大，汽车消费者对这种汽车新产品不了解，但对价格敏感；潜在竞争激烈；同时要求企业尽力降低成本，以维持较大的推销费用。

4）缓慢渗透策略

即采取低价和低促销费用推出汽车新产品，占领新市场。采取低价的目的在于促使市场尽快接受汽车产品，并有效地阻止竞争对手对市场的渗入；采取低促销费用的目的在于降低售价，增强竞争力。采用这种策略的前提是：市场容量大，汽车消费者对价格敏感，有相当的潜在竞争者。

2. 成长期的市场特点及营销策略

市场特点：经过试销，消费者对产品有所了解，销路打开，车辆定型，开始批量生产，分销渠道疏通，销售量逐渐增加，生产成本下降，利润增长，竞争者也开始参与。

营销策略：重点放在"好"上。

（1）为适应市场需求，集中企业必要的人、财、物等资源，改进和完善生产工艺，改进产品质量和增加产品的特色、款式等。

（2）开拓新细分市场，增加新分销渠道。

（3）改变广告宣传目标，由以建立和提高知名度为中心转变为以说服消费者接受和购买产品为中心。

（4）建立高绩效的分销渠道体系。

3. 成熟期的市场特点及营销策略

市场特点：市场销售量已经达到饱和状态，销售量虽有增长，但增长速度减慢，并开始呈下降趋势，竞争激烈，利润相对下降。

营销策略：重点放在"争"上。

1）产品改革策略

即通过对产品自身做某种改进，来满足消费者不同的需求，从而为消费者寻求新用途，使销量获得回升。可以从产品的特性、质量、式样和附加产品等方面进行改革。

2）市场改革策略

即开发新的目标市场，寻求新顾客。其方式有以下两点：

（1）发展产品的新用途，即不改变产品质量、功能而发掘产品新用途，用于其他领域，从而延长产品的生命周期。

（2）寻求新市场，相对产品的新市场而言，原市场在本地区、本省或本国，而其他地区、外省或外国就是新市场。

3）营销组合改进策略

即对产品、定价、分销渠道和促销 4 个因素加以改革，以刺激销售额的回升，通常的做法有降价、增加广告、改善销售渠道以及提供更多的售后服务等。

4. 衰退期的市场特点及营销策略

市场特点：汽车产品已经陈旧老化，销售量下降很快，新产品已经研制出来，需求量和销售量迅速下降，老产品正遭遇淘汰，逐渐退出市场。基本上已无利可图。

营销策略：重点放在"转"上。

1）收缩策略

即利用剩余的生产能力，在保证获得边际利润的条件下，有限地生产一定数量的汽车产品，适应市场上一般老汽车消费者的需要，或者只生产某些零部件满足用户维修的需要。

2）榨取策略

即大力降低销售费用，精简促销人员，增加眼前利润。

3）继续策略

即继续沿用过去的策略，仍按照原来的细分市场，使用相同的分销渠道、定价及促销方式，直到这种产品完全退出市场为止。

4）放弃策略

即对于衰退比较迅速的产品，应该当机立断，放弃经营。可以采取完全放弃的形式，如把产品完全转移出去或立即停止生产，也可采取逐步放弃的方式，使其所占用的资源逐步转向其他产品。

产品生命周期各阶段及相应的营销策略见表3-1-1。

表3-1-1 产品生命周期各阶段及相应的营销策略

项目	导入期	成长期	成熟期	衰退期
销售额	低	迅速上升	达到顶峰	下降
单位成本	高	平均水平	低	低
利润	无	上升	高	下降
营销策略	建立知名度	提高市场占有率	争取利润最大化	推出新产品

三、品牌与包装策略

3-1-6 品牌与包装策略课件　　　3-1-7 品牌与包装策略微课视频

（一）品牌的概念

品牌是用以识别生产经营者的产品或服务，并使之与竞争者的产品或服务区别开来的商业名称及其标志，通常由文字、标记、符号、图案和颜色等要素组合而成。

品牌是给拥有者带来溢价、产生增值的一种无形的资产，它的载体是用以和其他竞争者的产品或劳务相区分的名称、术语、象征、记号或者设计及其组合，增值的源泉来自消费者心中形成的关于其载体的印象。

品牌是人们对一个企业及其产品、售后服务、文化价值的一种评价和认知，是一种信任。品牌也是一种商品综合品质的体现和代表，当人们想到某一品牌的同时，总会和时尚、文化、价值联想到一起，企业在创立品牌时也在不断地创造时尚，培育文化，随着企业做强做大，品牌不断地从低附加值向高附加值升级，向产品开发优势、产品质量优势、文化创新优势的高层次转变。当品牌文化被市场认可并接受后，品牌才产生其市场价值。

品牌不仅仅是一种符号，一种让人可以加以区别的标记，品牌更是有灵魂、有个性的。它可以把产品及设计者的精神意图传递给消费者，可以从心灵深处打动消费者，拨动他们的购买欲望。因此品牌是形式产品的重要组成部分。品牌也是一个复杂的符号，蕴含着丰富的市场信息。

品牌的要点是销售商向消费者长期提供的一组特定的特征、权益和服务。品牌表达了六层含义：

1. 属性

品牌有特定的属性，例如表现高贵、优良制造、快捷安全。

2. 利益

顾客不仅购买属性，同时购买利益，将属性转换成功能等。

3. 价值

品牌体现价值感，某品牌的汽车不仅是交通工具，还是身份、地位的表现。如奔驰汽车代表高效、安全、声望等。

4. 文化

品牌附加一定的文化，例如劳斯莱斯象征贵族，体现德国文化的有组织、高效率、高品质。

5. 个性

品牌有特点，例如梅赛德斯使人想起风度翩翩的老板、一座质朴的宫殿。

6. 用户或消费者类型

品牌暗示着购买或使用产品的消费者类型。如奔驰属于出入上流社会的成功人士，劳斯莱斯属于身份显赫的贵族，福特属于中产阶级白领。

（二）品牌的作用

1. 品牌对汽车消费者的作用

（1）便于汽车消费者购买。

（2）便于保护汽车消费者的利益。

（3）有利于促进汽车产品质量的提高。无论是创立名牌还是保住名牌，品牌都是公众监督产品质量的重要手段。

2. 品牌对汽车生产者的作用

（1）有利于汽车企业的产品增加市场占有率。品牌的建立可以吸引消费者重复购买，也可以防止假冒伪劣产品的侵害，扩大市场份额。

（2）有助于广告促销活动。

（3）有助于树立企业以及产品的形象。

（4）品牌是企业无形的资产。

（5）有利于产品组合的扩充。可以在品牌的产品线中增加新的产品项目，使新产品容易为消费者所接受。

（三）汽车品牌与包装策略

汽车品牌与包装策略是指汽车企业如何合理地使用品牌，发挥品牌的积极作用。

1. 品牌设计策略

品牌设计包括对品牌名称的设计和对品牌标记的设计，一般应当遵循以下一些原则和要求：

（1）简洁醒目、易记易读；构思巧妙、暗示属性；

（2）富有内涵、情意浓重；避免雷同、超越时空。

（3）品牌设计必须集科学性和艺术性于一体，创意要新颖，给人以美感，还要符合民俗民情，尤其在产品出口时，必须研究出口产品的品牌，否则就难以成功。

汽车命名题材包罗万象，集中地反映了人类文化。

1）以人命名

名人名车相辉映。汽车以公司创始人命名的有福特、克莱斯勒、劳斯莱斯、波尔舍、法拉利等。还有林肯·凯迪拉克、梅赛德斯等人的名字也为汽车带来了辉煌。

2）以河山命名

美好的河山为人们所欣赏，名河名山自然是汽车命名的对象，如桑塔纳、太脱拉、日古利、泰山、井冈山、伏尔加、卡马兹、黄河、松花江、牡丹江等。

3）以动物命名

动物充满活力，动物象征空间。例如通用汽车公司的凤凰、火鸟、天鹰、云雀；福特汽车公司的烈马、猎鹰、野马、彪马、雷鸟、眼镜蛇等；原美国汽车公司的鹰、金鹰；日产公司的猎豹、脱兔、羚羊；三菱公司的奔马；富士重工的雄狮、麋鹿；德国大众的甲壳虫；意大利菲亚特的熊猫；阿尔发·罗密欧的蜘蛛；英国陆虎公司的杜鹿；英国美洲虎汽车公司的美洲虎等。

4）以历史背景命名

我国早期的汽车车名多带有时代特征。我国第一辆载货汽车解放牌汽车是随中华人民共和国的成立而诞生的；红旗轿车诞生在红旗飘飘的年代；第一辆轻型载货车诞生在"大跃进"期间，车名叫跃进，自然合拍；我国第二汽车制造厂诞生于东风浩荡的年代，生产的车顺理成章地命名为东风。东风有能使草木萌发、万物生长的神奇功能。中国人心目中的东风是温暖、有活力的象征。

总之，五花八门的汽车品牌名称，都要有利于产品在目标市场上树立美好的形象。

2. 品牌定位策略

品牌定位即在消费者心中确定一个形象，最基本的定位就是建立在它所希望的、对目标客户具有吸引力的竞争优势上。其定位策略一般有以下三个步骤：

1）确认潜在的竞争优势

竞争优势有两种基本类型：成本优势和产品差别化。前者是在同样的条件下比竞争者定出更低的价格，后者是提供更具特色的、可满足客户的特定需要。

2）准确选择竞争优势

在价值链分析的基础上，放弃那些优势微小、成本过高的活动，而在具有较大优势的方面进行扩展。

3）准确地向市场传播企业的定位概念

选择竞争优势后，就需要通过广告宣传将其传播开来。

3. 品牌延伸策略

当企业决定使用自己的品牌后，面临的抉择是，对本企业的各种产品是分别使用不同的品牌还是使用统一的品牌，如何利用已成功的品牌声誉来推出改良产品或新产品等。这些都是品牌延伸策略必须考虑的问题。

基本的品牌应用策略有以下几种：

1）统一品牌策略

企业将其生产和经营的全部产品统一使用一个品牌。

2）个别品牌策略

即企业的各种产品分别使用不同的品牌。如德国大众有 VW、Audi、Skoda 等多个品牌的轿车。

3）企业名称与个别品牌并用的策略

在每个品牌名称之前，统统冠以企业名称，以企业的名称表明产品的出处，以品牌的名称表明产品的特点。如通用汽车公司生产的各种轿车分别使用凯迪拉克、雪佛兰、庞蒂克等品牌，而每个品牌前都另加"GE"字样，以表明是通用汽车公司的产品。

任务实施

总结本节知识要点，全面掌握相关知识。

一、新产品开发方式

1. 独立开发

采用独立开发的方式可使企业依靠自己的力量研究开发新产品，这种方式可以紧密结合企业的特点，并使企业在某一方面具有领先地位，但独立开发需要较多的开发费用。

2. 引进开发

采用这种方式不仅可以缩短开发新产品的时间，节约开发费用，而且可以促进技术水平和生产效率的提高，但要注意引进的技术与企业自身条件之间的适应性。

3. 独立开发与引进开发相结合

就是在新产品开发的方式上采取两条腿走路，既重视独立开发，又重视技术引进，二者相互结合、互为补充，才会产生更好的效果。

二、新产品品牌定位

（1）建立该产品的品牌。

（2）进行品牌营销策划。

通过建立强劲的品牌，扩大企业规模，增大市场占有率，提高投入产出效益，提升产品附加值，建立和巩固企业的核心竞争力。

三、从产品生命周期方面考虑产品策略

（1）该品牌属于产品导入期。

（2）导入期的产品刚刚下线，产量低，技术不完善；汽车消费者对汽车新产品不够了解，销售量低，销售增长率小；费用及成本高，利润低，有时甚至亏损。

（3）导入期的销售策略包括快速掠取策略、缓慢掠取策略、快速渗透策略、缓慢渗透策略。

四、扩大产品组合策略

（1）加深汽车产品组合的深度，可以占领同类汽车产品更多的市场，迎合更多购车者的不同需要和偏好。

（2）扩大汽车产品组合的广度，一个汽车企业根据其生产设备和技术力量的限制，必须充分利用企业的各项资源来扩大汽车产品组合的广度。

（3）加强汽车产品组合的关联度，一个汽车企业的汽车产品应尽可能地相互配套，如汽车内饰、汽车涂料等。加强汽车产品组合的关联度，可提高汽车企业在本行业或某一地区的声誉。

五、对该产品进行改进

对汽车产品不断地进行改进可使汽车产品不断地适应市场的发展变化和某一些地区的特殊要求，以此来扩大销售。

拓展提升

专项实训：某汽车品牌成功策略分析

一、实训目的

通过专项实训，学生能够运用学到的知识，对本地区某汽车销售公司所经营的汽车品牌进行策略分析，提出见解，达到学习目标。

二、实训步骤

（1）教师将学生分组，学生5～7人一个小组，选出组长，以小组为单位，讨论选择熟悉的一款汽车品牌。

（2）学生运用本项目学到的知识，分工合作，收集资料，讨论选定的品牌产品组合策略。

（3）撰写品牌建设和推广方案实训报告（1 000字以上），上交教师。

（4）派小组代表上台演示结果，老师随意提问小组成员。

三、实训考核

（1）实训报告内容的完整性和科学性。

（2）实训报告的可行程度。

（3）撰写实训报告的水平。

（4）小组演示和提问回答的水平。

四、实训结果提交方式

提交实训报告和幻灯片演示文档。

拓展学习

在线测试

成果提交

五、案例分析

品牌与包装策略
案例 1

品牌与包装策略
案例 2

产品整体概念和产品
组合案例

产品生命周期案例

六、训练习题

品牌与包装策略
训练习题

产品整体概念和产品组合
训练习题

产品生命周期
训练习题

任务引入

在市场营销中，企业通过产品、分销、促销这三个要素在市场中创造价值，而通过定价从创造的价值中获取收益，即价格是唯一能产生收入的市场营销因素，其他因素则表现为成本。同时，价格也是营销组合中最灵活的因素。因此，对于汽车营销来说，价格策略是营销组合的重要因素之一，它直接决定着企业的成败。

任务描述

产品的价格是整个营销组合的基本组成部分，因为它是产品之间可以进行快速比较的一个因素。消费者通常广泛地把它用来判断产品和服务。在现代市场营销中，价格带有很强的竞争意识，许多企业都视合理运用价格杠杆为赢得市场的重要策略。价格直接关系着市场对产品的接受程度，影响企业的利润，但价格在市场上却最容易受到外界干扰，又最难控制。因此要把价格定到消费者、企业都能接受的位置，就需要讲究科学性和艺术性。

任务目标

1. 知识目标

（1）理解汽车产品价格构成以及影响汽车产品定价的因素；

（2）掌握汽车产品定价方法（报价方法）；

（3）掌握汽车产品定价策略。

2. 能力目标

（1）能够说明汽车产品价格构成及定价方法；

（2）能够为汽车产品制定比较合理的价格；

（3）能够帮助本地区汽车销售公司采取正确的定价策略。

相关知识

价格是市场营销策略中十分敏感而又难以控制的因素。一方面，它直接关系到产品能否为消费者接受、市场占有率的高低、需求量的变化和利润的多少；另一方面，与产品策略、分销策略和促销策略相比，价格策略是企业可控因素中最难确定的因素。价格的高低，定价是否合理，都会直接关系到市场对产品的接受程度。价格策略是指企业根据营销目标和价格原理，针对生产企业和经销企业以及市场变化的实际，在确定产品价格时采取的各种具体对策。

一、产品定价策略

3-2-1　产品定价策略课件　　　3-2-2　产品定价策略微课视频

（一）汽车产品价格

汽车产品价格是其价值的表现，是由社会必要劳动时间决定的。

汽车产品价格是一个具体的、确定的货币量；汽车产品价值是内在的、不确定的、模糊的。价格围绕价值上下波动，这种波动是由产品的供求关系引起的，汽车价格是调整市场供求关系"看不见的手"，直接关系到产品受市场接受的程度，影响市场需求量、销售量、企业利润等。

1. 汽车产品价格构成

1）汽车生产成本

这是指生产汽车耗费的物资和劳动报酬等货币形态。它是汽车价值的重要组成部分，是汽车价格形成的基础，也是制定汽车价格的重要依据。

2）汽车流通费用

这是指由生产领域通过流通领域进入消费领域耗用的物化劳动或劳动的货币表现。它是发生在汽车从汽车生产企业向最终消费者移动过程的各个环节之中的，并与汽车移动时间、距离相关，因此它是正确制定各种汽车差价的基础。

3）国家税金

它是汽车价格的构成因素，是生产者为社会创造和占有价值的表现形式，国家通过法律规定的税率进行相关税的征收。国家对汽车企业开征的税目有增值税、所得税、营业税，在汽车产品的流通过程中还有消费税和购置税。

4）汽车企业利润

它是汽车生产者、经销者为社会创造和占有价值的表现形式，是企业扩大再生产的重

要资金来源。

5）汽车购置费用

这是消费者买到一辆车实际承担的费用。

2. 汽车价格的类型

汽车价格的类型如下：

（1）汽车生产成本+汽车生产企业利税=汽车出厂价格。

（2）汽车生产成本+汽车生产企业利税+汽车批发流通费用+汽车批发企业的利税=汽车批发价格。

（3）汽车生产成本+汽车生产企业利税+汽车销售费用+汽车销售企业的利税=汽车销售价格。

（二）影响汽车产品价格的主要因素

1. 定价目标

（1）维持生存——定较低价格，适合于短期目标；

（2）当期利润最大化——定较高价格；

（3）市场占有率最大化——可以通过低价来实现市场占有率；

（4）产品质量最优化——价格相对较高；

（5）应付和防止竞争——通过定价（高或低）应付或避免竞争；

（6）保持良好的分销渠道——研究价格对中间商的影响；

（7）保持稳定的价格——可有效避免不必要的价格竞争；

（8）达到目标投资利润率——追求获取满意的利润。

2. 汽车产品成本

产品成本是产品定价的基础因素，是企业经济核算的盈亏临界点，产品定价必须至少能够补偿产品成本，这是企业再生产的最基本条件。

汽车产品成本包括科研制造成本、管理成本、营销成本、储运成本等。它是产品价值和价格形成的基础，通常也是产品价格的最低经济界限。

成本是定价的下限，成本可分为两种类型：固定成本和可变成本。固定成本又称间接成本，指不随产量的变化而变化的成本。可变成本又称直接成本，指随产量的变动而变化的成本。

3. 市场需求的性质和状况

市场需求是影响企业定价最重要的外部因素，它规定了产品价格的最高上限。供不应求时，称为卖方市场；供大于求时，称为买方市场。

通常用需求价格弹性系数 E（供给量的变动率与价格变动率的比值）来反映供给量对价格的敏感程度。

当 $E>1$ 时，富有弹性，降价可刺激需求；

当 $E<1$ 时，缺乏弹性，供不应求，可较大幅度提价，需求不会大幅度下降。

4. 市场结构类型

根据市场竞争程度，汽车市场结构可分为4种不同类型：

1）完全竞争市场

指同种产品有多个营销者，他们都以同样的方式向市场提供同类的标准化产品，他们的产品供应量都只占市场买卖总量的极小份额，任何一个企业都不可能单独左右该种产品的市场价格，产品价格只受供求关系影响。

2）完全垄断市场

指一种产品完全由一家或极少数几家企业控制，而且此种产品在市场上没有现成的替代品。完全被某个或几个品牌所垄断。

3）垄断竞争市场

指同种产品有多个营销者，虽然他们都以同样的方式向市场提供同类的产品，但是他们中只有极少数的企业对产品的价格起决定性作用。市场竞争激烈，产品存在差异又有较大替代性，厂商进入或退出较容易。

4）寡头垄断市场

在寡头垄断状况下，生产某种产品的绝大多数企业由少数几家大企业控制，每个大企业在相应的市场中占有相当大的份额，对市场的影响举足轻重。市场由少数几家大厂商共同控制。

5. 其他影响定价的因素

除以上因素外，必须综合考虑其他各种因素，如经济情况、营销组合、政府因素等，才能保证定价的成功。

二、产品报价策略

3-2-3 产品报价策略课件　　3-2-4 产品报价策略微课视频

一般来说，产品应该根据成本加上合理的利润来定价格。但在很长一段时间里，中国轿车企业一贯推行新车上市高售价的策略，因此"暴利"成为中国汽车工业的代名词。目前，汽车报价不是遵循成本加合理利润原则来制定，而是根据市场上同类产品的价格、竞争对手的价格策略、企业对市场的占有率等因素，采用类比方法确定。在中国现行的汽车市场存在的基本报价方法（定价方法）有成本导向报价法、需求导向报价法和竞争导向报价法3种报价方法。

（一）汽车产品的基本报价方法

1. 成本导向报价法

成本导向报价法就是以产品成本为基础，加上一定的利润和应纳税金来制定产品价格的方法。这种报价完全是企业以自身经营成本为首先考虑的前提，也就是说，企业先要快速回收投资成本。

1）成本加成报价法

成本加成报价法是指将单位成本加上企业的预期利润，以此作为单位产品价格的定价方法。这是最基本的报价方法。这种报价方法的计算公式为：

$$P = C \times (1 + R)$$

式中，P 为单位产品价格，C 为单位产品成本，R 为成本加成（利润）率。

优点：简单易行，将本求利，对价格竞争有缓和作用，一般适用卖方市场。

缺点：忽略了需求和竞争因素，缺乏灵活性和竞争性。

2）目标报价法

目标报价法是指企业根据预计总销售量作为定价标准的报价方法。这种报价方法的计算公式为：

单位商品售价 =（固定成本 + 变动成本 + 目标利润）/预计总销售量

3）盈亏平衡报价法

盈亏平衡报价法是企业按照产品的总成本和销售收入维持平衡的原则，制定产品保本价格的一种方法。其计算式为：

产品单价 = 单位变动成本 + 固定成本/销售量

企业调整价格时，也可运用该法在价格和销售量之间寻找决策点。

2. 需求导向报价法

需求导向报价法是企业根据市场需求状况和消费者对产品的感觉差异（感受价值）来确定价格的报价方法。

所谓感受价值（亦称为理解价值），是指购买方根据自己的经验、标准或观念对产品的认同价值。需求导向报价法所确定的价格代表了大多数用户的感受价值。这种方法运用得当，会给汽车企业带来许多好处，可提高汽车企业或产品的身价，增加企业的收益。

计算公式为：

目标成本总额 = 销售收入总额 - 目标利润总额 - 税金总额

采用需求导向报价法，要做好以下两项关键的工作：

1）找到比较准确的顾客感受价值。

2）准确预测不同价格下的销售量。运用量本利分析公式，根据预测的各种销售量，测算各种价格相应的利润，以最大总利润对应的价格作为产品的定价，以相应的需求量作为该种产品的生产量。

3. 竞争导向报价法

竞争导向报价法是指企业通过研究竞争对手的生产条件、服务状况、价格水平等因素，依据自身的竞争实力，来确定本企业产品的价格。

特点：只要竞争产品的价格不变，即使本企业的产品成本或需求发生变化，价格也不变。

这种报价方法简便易行，所定价格竞争力强，但价格比较固定，有时企业获利比较小，且易形成汽车价格大战。

竞争导向报价法适合市场竞争激烈的产品。

竞争导向报价法主要包括随行就市报价法、竞争投标报价法等。

1）随行就市报价法

这是指企业以行业的平均价格为标准制定本企业的商品价格。在竞争激烈的情况下，这是一种与同行和平共处、比较稳妥的报价方法，可避免风险。

2）竞争投标报价法

即由投标竞争的方式确定商品价格的方法，其操作程序是在商品或劳务的交易中，由招标人发出招标公告，投标人竞争投标，密封递价，招标人择优选定价格。这种方法通常用于建筑包工、大型设备制造、政府大宗采购等。

以上所讲的各种报价方法，只是汽车行业通行的报价法，实际上，在汽车企业报价时，这些方法是相互影响、相互渗透的。产品报价是一个动态过程，因此汽车企业就应根据自身情况以及对市场综合分析的情况，采取不同的报价方式。

（二）汽车产品的报价策略

1. 针对汽车消费者心理的报价策略

1）整数报价策略（60万元给人以豪华感觉）

整数报价策略也叫恰好价格法，该策略适用于高档、名牌产品或者是消费者不太了解的商品。整数报价策略的好处如下：

（1）可以满足购买者炫耀富有、显示地位、崇尚名牌、购买精品的虚荣心；

（2）省却了找零钱的麻烦，方便企业和顾客结算；

（3）花色品种繁多、价格总体水平较高的商品，利用产品的高价效应，在消费者心目中能树立高档、高价、优质的产品形象。

2）尾数报价策略

尾数报价策略又称非整数报价策略，指企业针对的是消费者的求廉心理，在商品报价时有意定一个与整数有一定差额的价格。如9.98万元，宣传低于10万元。

3）声望报价策略

声望报价策略是指企业利用消费者仰慕名牌商品或名店的声望所产生的某种心理来制定商品的价格，故意把价格定成整数或高价。采用这种报价方法，主要是因为每一个消费者都有崇尚名牌的心理，认为高价格通常能代表高质量。如劳斯莱斯汽车因为拥有英国皇室专用车辆的这个卖点，价格高达四五百万元人民币。

4）招徕报价策略

招徕报价策略是指企业利用部分顾客的求廉心理，特意将部分汽车产品或服务的价格定得较低，造成企业的汽车产品都在降价的虚假氛围以吸引顾客，从而实现心理定价策略的目的。

5）分级报价策略

汽车分等级，不同等级不同价。该策略使消费者能产生按质论价的感觉，因而容易被

消费者接受。而且，不同等级的汽车若同时提价，对消费者的质价观冲击不会太大。

6）习惯性报价策略

有些经济型轿车在顾客心目中已经形成了一个习惯价格，这些产品的价格稍有波动，就会引起顾客不满，提价时顾客容易产生抵触心理，降价会被认为降低了质量。因此对于这类汽车产品，企业宁可在产品的内容、外观、容量等方面进行调整，也不要轻易采取调价的策略。

2. 新产品报价策略

从经济学的角度来说，产品价格是在供需关系的双向作用力达到均衡时形成的，但对于企业来说，却总是希望通过合适的价格策略来开拓市场，打击竞争对手，同时尽可能地使企业利润最大化。因此，汽车企业在考虑影响汽车产品定价各种因素的基础上，通常会根据以下策略对新产品报价。

新产品报价策略有三种：撇脂报价策略、渗透报价策略和满意报价策略。

1）撇脂报价策略

撇脂报价策略是指将新产品的营销价格定得较高，以求在产品市场寿命周期的最初阶段，能尽快回收资金和获取利润。当新产品刚刚上市、类似产品还没有出现之前，以求通过厚利稳销来实现利润最大化。很多汽车新产品在上市时通常采取这一报价策略。

这种策略也是一种较特殊的促销手段，利用人的求名、求美、求新心理。一般运用于价格弹性小的产品，或消费者对价格反应迟钝的产品。

撇脂报价策略的优点是：一方面，新车上市之初，顾客对其尚无理性的认识，此时的购买动机多属于求新求奇，利用这一心理，企业通过制定较高的价格，以提高产品身份，创造高价、优质的品牌形象；另一方面，上市初的高价，使企业在汽车产品进入成熟期时可以拥有较大的调价余地，以保持企业的竞争力。

这种策略的缺点是：一方面，过高的价格不利于开拓市场，会在一定程度上抑制销量，导致大量竞争者涌入，仿制品、替代品大量出现，迫使企业降价；另一方面，价格过分高于价值，易造成消费者的反对和抵制，引发大量批评和一系列的公关问题。

2）渗透报价策略

这是汽车企业以追求市场占有率为目标，把自己经营的某些汽车产品的价格定得低于市场上同类汽车产品的价格，借以吸引顾客、扩大销售量、提高效益的一种定价策略。这种策略又被人称为薄利多销策略。目的是在新产品刚投入市场时，以低价扩大销售量，加强市场渗透，迅速打开市场，提高市场占有率。

渗透报价策略的优点是可以迅速占领市场，排斥竞争者，阻止潜在竞争者介入；通过规模效应可以获得较多的利润。但这种策略往往由于低价而易损害汽车企业的形象，不利于企业长期经营发展。

3）满意报价策略

满意报价策略又叫随行就市报价策略，是介于上面两种策略之间的一种新产品报价策略，它是以获取社会平均利润为目标，把产品的价格定在高价与低价之间，使企业与消费者都能接受。

3. 折扣和折让报价策略

在汽车市场营销中，汽车企业为了竞争和实现经营战略的需要，经常对汽车价格采取折扣和折让策略，直接或间接降低汽车价格，以争取消费者，扩大汽车销量。

具体来说有以下几种：

1）数量折扣

数量折扣是根据买方购买的汽车数量多少，分别给予不同的折扣。买方购买汽车的数量越多，折扣越大。在实际应用中，其折扣可采取累积和非累积数量折扣策略。目前市场上出现的汽车团购现象就是一种典型的数量折扣方式。

2）现金折扣

现金折扣是对约定日期提前付款或按期付款的买主给予一定的折扣优惠价，目的是鼓励买主尽早付款以利于资金周转。例如，有的企业对于一次性能付清全部购车款的消费者，会给予3%左右的折扣。

3）交易折扣

交易折扣是汽车企业根据各个中间商在市场营销活动中所担负的功能不同，而给予不同的折扣，也称功能折扣，如运输、仓储、售后服务的分工等。

4）时间折扣

时间折扣有两层含义：一是季节折扣，二是时段折扣。

季节折扣是指在汽车销售淡季时，给购买者一定的价格优惠，目的在于鼓励中间商和消费者购买汽车，减少库存，节约管理费，加速资金运转。

时段折扣是指在一些特定的时段，如开业当天、展览会期间、周年庆典等时段内给予一定比例的折扣优惠。

5）运费折让

运费是构成汽车价格的重要部分，为了调动中间商或消费者的积极性，汽车企业对他们的运输费用给予一定的津贴，支付部分甚至全部运费。

4. 地区报价策略

这是指企业对决定卖给不同地区客户的产品，是否要实行不同的价格，实行差别定价。概括地看，地区定价策略有以下几种：

1）统一报价

即对全国各地的客户，实行相同的价格，客户不管去哪家经销商处购买，产品的价格都是一样的。

2）基点报价

即企业选定某些城市作为基点，在这些基点城市实行统一的价格，客户或经销商在各个基点城市就近提货。

3）分区报价

即将全国市场划分为几个市场销售区，各区之间的价格不一，但在区内实行统一定价。

4）产地报价

即按产地的价格销售，经销商或用户负责从产地到目的地的运输，负担相应的运费及相关风险费用。

5. 针对汽车产品组合的报价策略

一个汽车企业往往不只生产一种产品，而是存在多个系列的各种产品同时生产、销售，这些同一企业的不同种类汽车产品之间的需求和成本是相互联系的。但同时它们之间又存在着一定程度的自相竞争，因而，这时候的汽车定价就不能只针对某一产品独立进行，而要结合相互关联的一系列产品，组合制定出一系列价格，使整个产品组合的利润最大化。

任务实施

总结本节知识要点，全面掌握相关知识。

一、确定汽车价格构成

（1）汽车生产成本。
（2）汽车在从生产企业向最终消费者移动的过程中产生的流通费用。
（3）国家通过法令规定对汽车产品征收的税金。
（4）汽车企业利润。

二、汽车产品基本报价方法

（1）成本导向报价法。
（2）需求导向报价法。
（3）竞争导向报价法。

三、制定汽车产品价格策略

1. 新产品报价策略
（1）撇脂报价策略，在汽车新产品投放市场的初期，将汽车价格定得较高。
（2）渗透报价策略，在汽车新产品投放市场时，将汽车价格定得较低。
（3）满意报价策略，将价格定在撇脂价格（高价）和渗透价格（低价）之间。

2. 针对汽车产品组合的报价策略
企业定价不能只针对某一产品独立进行，而要结合相关联的一系列产品，组合制定出一系列价格，使整个产品组合的利润最大化。这种定价策略主要有同系列汽车产品组合定价策略和附带选装配置的汽车产品组合定价策略两种。

3. 折扣和折让报价策略
（1）数量折扣，包括累计数量折扣和非累计数量折扣，买方购买的汽车数量越多，折扣越大。

（2）现金折扣，对按约定日期提前付款或按期付款的买主给予一定的折扣优惠价。

（3）交易折扣，根据各个中间商在市场营销活动中所担负的功能不同，给予不同的折扣。

（4）时间折扣，在汽车销售淡季或是在一些特定的时段，给购买者一定的价格优惠。

（5）运费折让，汽车企业对中间商或消费者的运输费用给予一定的津贴，支付一部分甚至全部运费。

4. 针对汽车消费者心理的报价策略

（1）整数报价策略，在高档汽车定价时，往往把汽车价格定成整数。

（2）尾数报价策略，在汽车定价时，不取整数而带尾数的定价策略。

（3）声望报价策略，根据汽车产品在消费者心目中的声望、信任度和社会地位来确定汽车价格。

（4）招徕报价策略，将汽车产品价格定得非常高或非常低，以引起消费者的好奇和观望，带动其他汽车产品的销售。

（5）分级报价策略，把同类汽车分为几个等级，采取不同价格。

拓展提升

专项实训：某汽车品牌目标市场选择与定价策略

一、实训目的

通过专项实训，学生能够运用学到的知识，对本地区某汽车销售公司所经营的汽车品牌尝试进行目标市场选择和定价策略分析，达到学习目标的要求。

二、实训步骤

（1）选择自己熟悉的一款车型，针对所在地域经营运作目标市场及拟定的价格分析。

（2）运用本项目学到的知识，尝试对目标市场的选择及定价策略的制定提出自己的见解。

（3）撰写实训报告（1 000 字以上），上交教师。

（4）以小组为单位，选出一份报告，派小组代表上台演示，老师随意提问小组成员。

三、实训考核

（1）实训报告内容的完整性和科学性。

（2）实训报告的可行程度。

（3）撰写实训报告的水平。

（4）小组演示和提问回答的水平。

四、实训结果提交方式

提交实训报告和幻灯片演示文档。

拓展学习　　　　　　　在线测试　　　　　　　成果提交

五、案例分析

产品定价策略　　　　产品定价策略　　　　产品报价策略　　　　产品报价策略
案例1　　　　　　　　案例2　　　　　　　　案例1　　　　　　　　案例2

六、训练习题

产品定价策略　　　　　　　　　产品报价策略
训练习题　　　　　　　　　　　训练习题

任务 3-3　分销策略

任务引入

汽车消费者希望在适当的时间和地点购买到所需要的汽车产品。汽车企业希望所生产的汽车产品能迅速、顺利地转移到消费者手中，实现汽车产品的价值和使用价值，促进生产发展。如何把汽车产品顺利地送到需要这些产品的消费者手中，这就是汽车分销策略要学习的内容。

任务描述

分销渠道是汽车产品实现价值的重要环节。汽车企业有了适销对路的产品和合理的价格，还必须通过适当的分销渠道才能实现产品从生产者到消费者的流通，并不断增加企业抵御市场风险的能力。

任务目标

1. 知识目标

（1）了解汽车产品分销渠道的含义和分销渠道的功能。

（2）掌握汽车产品分销渠道的类型和分销渠道的选择策略。

2. 能力目标

（1）能够运用所学的知识分析比较汽车企业分销渠道的优缺点。

（2）能够根据本地区的汽车市场环境，学会帮助汽车企业分析选择较为合适的分销渠道模式。

相关知识

一、分销概述

3-3-1　分销概述课件　　　　3-3-2　分销概述微课视频

（一）汽车分销渠道的概念

分销渠道又称为销售渠道，是指某种商品和服务在从生产者向消费者转移的过程中，取得这种商品和服务的所有权或帮助所有权转移的所有企业和个人。即产品从生产者到消费者的流通过程中所经过的各个环节连接起来形成的通道。

汽车分销渠道是指汽车产品或者服务在从汽车生产者向汽车消费者转移的过程中，直接或者间接转移汽车所有权所经历的途径。它是沟通汽车生产者和消费者直接关系的桥梁和纽带。汽车分销渠道的重要意义在于它是汽车市场营销活动有效运作的基础。汽车能否及时分销出去，销售成本能否降低，企业能否抓住机会占领市场、赢得市场，在相当程度上都取决于分销渠道是否畅通和高效。

汽车分销渠道主要包括总经销商、批发商、经销商，还有汽车分销渠道的起点（汽车生产企业）和终点（消费者）。

分销渠道的起点是生产者，分销渠道的终点是消费者，中间环节为中间商，包括批发商、零售商、代理商和经纪人。汽车销售渠道的中间环节为汽车中间商或汽车代理商。现有的汽车交易市场、品牌专卖店、连锁店、汽车超市等均是直接面向消费者的分销渠道的具体表现形式。

理解汽车分销渠道，需要注意以下几个问题：

（1）汽车分销渠道由参与产品流通过程的各种类型的机构组成。

（2）推动汽车流通过程的是各种类型的中间商。

（3）构成汽车分销渠道的前提是汽车商品所有权的转移。

（4）汽车分销渠道是指汽车产品从生产者到消费者所经历的过程。

（5）汽车分销渠道是汽车流通的全过程，是汽车市场信息流传递的过程。

（二）汽车分销渠道的类型

任何一个汽车企业想要把自己的产品顺利地销售出去，都需要正确选择产品的销售渠道。在庞大的汽车流通领域中，汽车分销渠道的类型多种多样。

1. 按渠道的长度分类

分销渠道的长度，是指产品销售所经中间环节的多少及渠道层级的多少。所经中间环节越多，渠道越长；反之，则渠道越短，最短的渠道是不经过中间环节的渠道。分销渠道可以按其长度的不同分为以下 4 种基本类型，如图 3-3-1 所示为消费品分销渠道的基本类型。

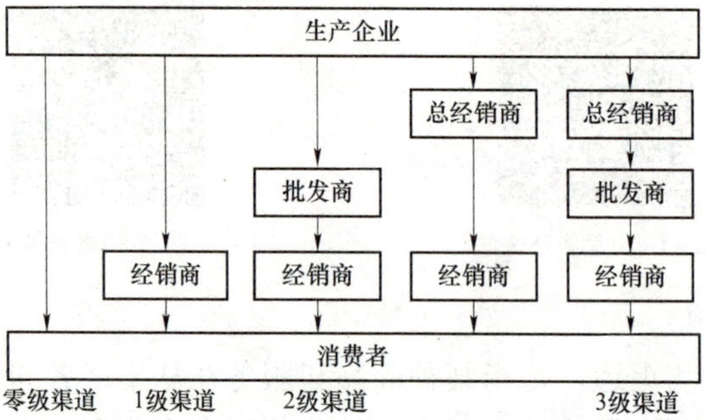

图 3-3-1 消费品分销渠道的基本类型

1）零级渠道

零级渠道又称直接渠道，这是指没有中间商参与，产品从制造商转移到消费者（或用户）的过程中不经过任何中间商转手的分销渠道。这是最简单、最直接、最短的销售渠道。

2）1 级渠道

这是指生产者和消费者（或用户）之间介入一层中间环节的分销渠道。在消费者市场，其中间环节通常是零售商；在生产者市场，大多是代理商或经纪人。汽车销售渠道中包括一级中间商，如汽车经销商（零售商）。其特点是：中间环节少、渠道短，有利于企业充分利用经销商的力量扩大销售。

3）2 级渠道

这是指生产者和消费者之间介入二层中间环节的分销渠道。在消费者市场，通常是批发商和零售商；在生产者市场，则通常是代理商和批发商。汽车销售渠道中包括两级中间商，如总经销商和经销商（零售商）。

4）3 级渠道

这是指生产者和消费者（或用户）之间介入三层中间环节的分销渠道。一般来说，三层渠道多见于消费者市场。汽车销售渠道中包含三级中间商，如汽车产品经过总经销商卖给批发商再卖给零售商（经销商）。其特点是：总经销商（或总代理商）为生产企业销售汽车，有利于了解市场环境，打开销路，降低成本，增加效益；缺点是中间环节多，流通时间长。

2. 按渠道的宽度分类

分销渠道的宽度，是指渠道的每个层次使用同种类型中间商数目的多少。多者为宽渠道，意味着销售网点多，市场覆盖面大；少者则为窄渠道，意味着市场覆盖面也就相应较小。受市场特征和制造商分销战略等因素的影响，分销渠道的宽度结构大致有 3 种类型。

1）独家分销渠道

这是制造商在某一地区市场仅有一家代理商或经销商经销其产品所形成的渠道。

2）密集型分销渠道

这是指制造商尽可能多地发展批发商和零售商，并由他们销售其产品。

3）选择性分销渠道

这是指制造商根据自己所设定的交易基准和条件精心挑选最合适的中间商销售其产品。

同一层次中间商的多少是渠道宽度的问题，中间商越多，则渠道越宽；反之，则越窄。宽渠道销售可以在生产者大批量生产某种产品的情况下，使产品迅速转入流通领域，促进再生产的进行，并且可以通过多数中间商迅速地将商品转到消费者手中，满足广大消费者的需求；窄渠道销售范围比较狭窄，只在一些技术强、生产批量小的商品上运用。

企业所采用的分销渠道的长短、宽度是相对的，没有固定绝对的模式，企业应根据具体情况决策好渠道的长度和宽度。汽车产品由于相对价值较大、货款回收要求较高，对储运技术、储运条件要求较高，对服务能力、服务培训的要求较高，所以汽车产品的分销渠道不宜过长，1～2个层次短的分销渠道可以更好地保障汽车用户的利益。

（三）汽车分销渠道的功能

分销渠道在市场营销中起着重要的作用，它能实现产品由生产者向消费者的转移。它的目的在于消除汽车产品与消费者之间的差距，弥补产品、服务和其在使用者之间的缺口。结合汽车产品分销的实际，具体来说，汽车分销渠道的功能主要包括以下几个方面：

1. 售卖

售卖是分销渠道最基本的功能，产品只有从卖方市场向买方市场转移，才能完成商品转化。汽车生产企业与其经销商接洽，经销商与用户接洽，以及他们之间所进行的沟通、谈判、签订销售合同等业务都是在履行分销的买卖职能。

2. 刺激需求，促进销售

促销是指汽车生产企业和经销商在分销渠道确定后，要加强设计和传播汽车产品的信息，运用必要的促销手段，鼓励消费者购买汽车商品。分销渠道系统通过其分销行为和各种促销活动来创造需求、拓展市场。人员促销、营业推广等促销方式都离不开汽车分销渠道的参与。

3. 投放与物流

物流又称实体分配，要使产品从生产者转移到消费者，就需要储存和运输。汽车分销渠道必须解决将何种汽车、以多少数量在指定的时间送达正确的汽车市场上，即汽车作为一种高价值的消费商品，生产者或经销商必须保质保量地将汽车产品在指定的时间送达指定的地点，以保证分销渠道的畅通，实现汽车分销渠道整体的经济效益。

4. 服务

服务是指销售者必须为消费者负责。汽车销售活动必须以客户为中心，各个环节的服务质量直接关系到汽车企业在市场竞争中的命运，因此汽车分销渠道必须为汽车用户提供满意的服务。汽车产品因其特殊的结构特点、使用特点和维护维修特点，要求分销渠道必须对用户提供周到、良好、高质量的服务，而且是要求越来越高。

5. 售后服务信息反馈

分销渠道构成成员中的汽车销售中间商直接接触市场和消费者，最能了解市场动向和消费者的实际状况。这些信息都是企业产品开发、市场促销所必需的。分销渠道要对汽车进行售后服务，应密切监视汽车市场动态，研究汽车使用情况，及时处理并反馈到汽车企业，以便汽车企业能够更好地掌握市场情况，改进产品的质量。

6. 融资

融资是指为补偿分销渠道工作的成本费用而对资金的获取与支用。为了加速资金的周转，减少资金的占用率，汽车企业、中间商、消费者之间都可以通过金融机构融通资金，共同解决生产者、销售者、消费者三者之间可能出现的难题（如当前的汽车贷款消费，就是最好的方式）。

7. 承担风险

承担风险是指汽车市场使用的资金数量都比较大，也会出现较大的金融风险，汽车生产企业、中间商的合作，作为一个利益共同体，应有福共享，有难同当，分担风险，长期合作和发展，在产品分销过程中承担与分销渠道工作有关的风险。

8. 管理

分销渠道管理一般是由汽车市场规划部门来负责的，目前其管理职能有分销渠道成员、物流、财务、信息管理，分销渠道成员的绩效评估，分销渠道的冲突和合作的管理。同时也要加强与销售部门、物流部门、电子商务部门和客户关系管理中心的沟通与信息共享。这些职能可以调整生产者和消费者之间的各种利害关系，使产品得以顺利流通。

二、中间商

3-3-3　中间商课件　　　3-3-4　中间商微课视频

（一）中间商概述

汽车分销渠道中的中间商是指居于汽车生产者与消费者之间，参与汽车交易业务，促使汽车交易实现的具有法人资格的经济组织和个人。

中间商是汽车生产者向消费者销售汽车分销渠道的主体，完成汽车从生产企业向最终用户的转移。

中间商是汽车生产企业向消费者销售汽车的中间环节，它一头连着汽车生产企业，另一头连着汽车的最终消费者，具有平衡市场需求、集中和扩散汽车产品的功能，在汽车分销渠道中起着十分重要的作用。

生产者把产品出售给商人或商业组织，这种交易为批发交易。商人或商业组织再将产品出售给消费者，即为零售交易。在商品流通过程中，从生产者到消费者之间交易的次数越多，最后到消费者手中的价格就越高。

（二）中间商的类型

汽车中间商是销售渠道的主体，汽车企业的产品绝大部分是通过汽车中间商转卖给汽车用户的。在实际汽车销售活动中，汽车中间商的类型是多种多样的。按其是否拥有商品的所有权，可以分为经销商和代理商；按其在流通过程中所起的不同作用，又可以分为批发商和零售商。

汽车批发商是从事以进一步转卖汽车为目的、整批买卖汽车的经济活动者，主要包括汽车经销商、特约经销商、销售代理商和总代理。汽车零售商是从事将汽车出售给最终汽车用户的经济活动者。

（1）汽车经销商是指从事汽车交易，取得汽车商品所有权的中间商。代理商是受生产者委托，从事商品交易业务，但不具有商品所有权的中间商。按代理商与汽车企业业务联系的特点，又可以将其再分为汽车企业代理商、汽车销售代理商、寄售商和汽车经纪商。

（2）汽车特约经销商属于特许经营的一种形式，是通过契约建立的一种组织，一般只从事汽车零售业务。

（3）汽车销售代理商属于佣金代理形式，是指受汽车生产企业的委托，在一定时期和在指定汽车市场区域及授权业务范围内，以委托人的名义从事经营活动，但未取得汽车产品所有权的中间商。

汽车企业对销售代理商的条件要求一般高于特约经销商。汽车销售代理商一般为区域独家销售代理商。

（4）汽车总代理是指负责汽车企业的全部汽车产品所有销售业务的代理商，多见于实行产销分离体制的企业集团。汽车总代理商一般与汽车企业同属一个企业集团，各自分别履行汽车销售和生产两大职能。除了为汽车企业代理销售业务外，还为汽车企业开展其他商务活动。

这种方式由于只能经销一个企业的产品，所以汽车中间商必须成为企业的有利支持者，必须十分关心企业的产品改进、洞察市场行情并为用户周到地服务。

三、分销渠道的选择与管理

3-3-5 分销渠道选择与管理课件　　　3-3-6 分销渠道选择与管理微课视频

（一）分销渠道的设计

分销渠道的设计要在汽车企业的经营目标下围绕销售目标进行，要能促进企业的产品不断地提高市场占有率、地区覆盖率和各地用户满意率，同时增强企业抵御市场风险的能力。在充分评价影响因素的基础上作出最佳设计，形成能够充分履行渠道功能，长期稳固而又能适应市场变化的渠道，不断为企业开辟稳定的用户群或区域市场。

1. 影响分销渠道设计的因素

影响分销渠道选择的因素很多，汽车企业在进行分销渠道设计前，首先必须分析影响分销渠道选择的因素。应对产品、市场及企业自身等各种因素进行综合分析，以便作出正确的决策。

1）产品因素

产品因素是指影响分销渠道选择的产品单价、体积与重量、易腐与易毁性、技术的复杂性、时尚性、通用性与专用性等因素。

（1）产品单价。单位单价低的产品，往往通过中间商来进行销售，让中间商承担部分销售成本，同时有利于扩大产品的市场覆盖面。其分销路线长，环节多，且每一个环节中间商多，即渠道宽。反之，单价高的产品，分销路线就短。

（2）产品的体积与重量。体积大、分量重的产品，往往意味着高的装运成本和高的储存成本，一般应尽量选择最短的分销渠道，如机械设备多数只通过一个环节，甚至取消中间环节由生产者直接供应给用户。体积小而轻且数量大的产品，则可考虑采取间接分销渠道。

（3）产品的易腐与易毁性。产品是否容易腐烂、损坏，是影响产品实体运输和储存的非常关键的问题。易腐、易毁的产品，应尽量缩短分销途径，迅速地把产品出售给消费者。

（4）产品技术的复杂性。技术性强的产品，一般需要生产企业提供多方面的售前和售后服务。产品技术比较复杂、对售后服务要求较高的产品，如大型机电设备等，一般生产企业要派出专门的人员去指导用户安装、操作和维修。因此，这些产品的分销渠道一般都是短而窄的。

（5）产品的时尚性。式样或款式更新变化快的产品，如各种新奇玩具、时装等，分销渠道应尽量缩短，以免流转环节较多、周转时间较长。否则时过境迁，产品便无人问津，就得降价处理，便宜销售，直接影响企业的经济效益。而时尚性不强、款式更新慢的商品，分销渠道可以适当长一点，以便广泛销售。

（6）产品的通用性与专用性。具有标准化的通用性产品，由于市场面较宽，使用范围广，可按样品或产品目录出售，并通过中间商完成销售任务。非标准化的专用性产品，是为适应用户的特殊需要而生产的，市场面和使用范围相对较小，可采用直接式销售渠道。

另外，对于一些新产品，企业为了尽快地把新产品推向市场，通常会采取强有力的推销手段，甚至不惜为此付出大量的资金组建推销队伍，直接向消费者推销。当然，为节约成本，在情况许可时，也应考虑利用原有的分销渠道。如能取得中间商的良好合作，也可考虑采用间接的销售形式。

2）市场因素

市场因素是指市场范围的大小、消费者的购买数量、消费者的购买习惯以及竞争者的情况。

（1）市场范围的大小。企业生产的产品，面向的市场范围广阔，意味着现实的和潜在的消费者数不胜数。一般情况下，产品销售范围越大，则分销渠道就越长。如产品要在全国范围销售或进入国际市场，则应广泛利用中间商，要选择较长、较宽的渠道；如果产品销售范围很小，或就地生产就地销售，则可由生产者直接销售或通过零售商销售。

（2）消费者的购买数量。企业生产的产品在销售过程中，若消费者通常是零星购买，购买次数很多，而每次数量很少，那么，生产企业就采用线路较长的销售渠道。若消费者通常是批量购买，购买次数不多，如工业原材料，那么生产企业一般可不依赖零售商、批发商等中间环节，而直接把产品销售给用户。

（3）消费者的购买习惯。消费者的购买习惯，也影响分销渠道的选择。购买习惯包括消费者的购买时间、地点、方法和对销售服务的要求等不同情况。一些日用生活必需品，其价格低，消费者数量大，购买频率高，顾客不必做仔细的挑选，希望随时随地都能买到。生产企业应尽量多采用中间商，扩大销售网点，其分销渠道应长而宽。对于一些耐用消费品，生产企业一般只通过少数几个精心挑选的零售商去销售产品，甚至在一个地区只通过一家零售商去推销其产品，其分销渠道可以短而窄。

（4）竞争者的情况。企业在进行产品分销渠道决策时，还应考虑竞争者所采用的同类产品的分销渠道，以便在市场竞争中占据主动地位。一般来说，企业应尽量避免和竞争者使用相同的分销渠道。如竞争者使用和控制着传统的分销渠道，本企业就应当使用其他不同的分销渠道来推销其产品。有时同类产品也采取与竞争者相同的分销渠道，以便让顾客在产品价格、质量等方面做比较。

3）企业自身因素

产品分销渠道的选择决策，仅仅考虑产品和市场因素是不够的，还必须考虑企业内部的环境因素。企业的信誉与资金、自身的营销能力和销售经验等因素，对产品分销渠道也有一定的制约作用。

（1）企业的信誉与资金。企业的声誉越好，财力越雄厚，越可以自由选择分销渠道，甚至还可以建立自己的销售网点，采取产销合一的方法经营，而不经过任何其他中间商，也可以选择间接分销渠道。

（2）企业自身的营销能力和销售经验。一般来说，如果企业自身有足够的销售能力，或者有丰富的销售经验，就可以少用或者不用中间商。

（3）企业产品组合。企业产品组合的广度越大，即产品的不同种类越多，则直接销售给消费者的能力越强；而产品组合的深度越大，即同类产品的品种规格越齐全，则该市场范围的中间商越愿意接受其产品；但若产品组合的广度和深度小，则选择的分销渠道应较窄。

（4）企业对分销渠道的控制要求。如果企业想要严格控制产品的销售价格和新鲜程度，或为了产品的时尚，则要选择尽可能短的或尽可能窄的分销渠道，因为短而窄的分销渠道企业比较容易控制。

（5）发货限额。生产企业为了合理安排生产，会对某些产品规定发货限额。发货限额高，有利于直接销售；发货限额低，则有利于间接销售。

4) 社会环境及传统习惯因素

社会环境这一因素主要是指政府的方针政策及对产品分销渠道的限制情况。如国家规定有些产品专营，对某些产品进出口加以限制等，对于这些产品，企业没有选择分销渠道的权利。在市场环境发生变化时，企业分销渠道的选择也会受影响。当经济不景气时，汽车厂商就会采用最短、成本最低的分销渠道。此外，传统的消费习惯、购买习惯、营销习惯等，也是影响分销渠道选择的重要因素。

5) 竞争者因素

一般而言，采用与竞争者相同或相似的分销渠道有利于降低营销风险。但近年来，随着汽车市场竞争的加剧，各大厂商都纷纷探索自己独特的分销渠道，以避开竞争者的锋芒。

6) 政策规定

企业选择分销渠道必须符合国家有关政策和法律规定。

7) 中间商特性

企业应考虑中间商的服务对象是否与自己所要达到的市场相一致，这是最基本的条件。此外，还应考虑中间商的员工素质及服务能力、中间商的资金力量、财务和信誉状况、中间商的营销能力，以及中间商的商品构成中是否也有竞争者的产品等。

经济效益的高低与分销渠道的选择密切相关。一般来说，缩短渠道能减少环节，加速产品流转，节约社会劳动，提高经济效益。但从某些商品的营销要求来看，只有增加渠道环节，才能拓展市场，扩大销售，提高市场占有率，从而提高经济效益。因此，企业选择哪种分销渠道最好，或者是否同时采用几种分销渠道，要通过分析、比较、衡量采用各种渠道的成本费用，视其综合经济效益的大小而进行决策。

8) 经济收益

不同分销渠道经济效益的大小也是影响分销渠道选择的一个重要因素。对于经济效益的分析，主要考虑成本、利润和销售量等因素。

2. 分销渠道设计的内容

良好的市场加上有力的渠道才能使企业获利。所以有效的分销渠道设计应以确定企业所要达到的目标为起点，研究产品到达市场的最佳途径。

企业分销渠道设计首先要决定应该采取何种类型的销售渠道，即采取自销还是通过中间环节分销。如果决定采用中间商分销，还需要进一步决定运用何种类型和规模的中间商。

分销渠道设计的内容包括确定渠道长度、宽度和规定渠道成员彼此之间的权利、责任和义务等方面的内容。

1) 确定渠道长度

分销渠道的长度取决于环节的多少。在产品从生产者流向消费者或用户的流通过程中，经过的环节越多，渠道越长，反之，则越短。

长渠道的优点：市场覆盖面广，占有的分销资源多，可以借用分销渠道的资源，适用于顾客密度较小、较分散的区域。

缺点：控制程度低，管理难度大；服务难度大，容易造成渠道成员之间的矛盾。

短渠道的优点：市场密集，企业对渠道的控制程度高，适宜销售时尚商品、专用商品以及顾客密度较大的市场区域。

缺点：企业的外部组织承担了大部分分销渠道的职能，需要大量的资源投入，市场覆盖面较窄。

2）确定渠道宽度

按照产品在流通过程中所经过的每个环节或层次中使用同种类型中间商的数目的多少来确定一个渠道的宽窄，可分为若干宽度不同的渠道。

（1）密集分销策略，即生产者尽可能多地通过那些负责的、适当的批发商、零售商或代理商销售其产品，尽量使产品能广泛地和消费者接触，方便消费者购买。

优点：能使产品广泛地与所有消费者见面，使大区域性的广告发挥更大作用；便于对中间商的选择、评价、淘汰，促进中间商之间的竞争，增加产品销售。

缺点：由于经销商多，生产者没有精力来联系所有的经销商，且不易取得经销商的有效合作，关系松散；经销商多，各种经销商推销某一产品不专一，不愿做专门的促销和广告宣传，而要靠生产者来承担广告宣传费用。

（2）独家分销策略，即生产者在特定的市场区域内仅选择一家批发商或零售商经销其产品，双方一般要协商签订独家经销合同，规定经销商不得经营竞争者的同类产品，生产者不得把同类产品委托给本地区域内的其他经销商经营。

优点：对于生产者来说，易于控制市场价格和数量，能获得经销商有效的合作和支持，有利于带动其他新产品上市。对经销商来说，能够在本地区内获得该产品的垄断权，以及生产者提供的各种优惠条件。

缺点：双方依赖性太强，对生产者来说，经销商经营状况不好，有可能失去这个区域的市场，而如果生产和市场发生变化，经销商将蒙受较大的损失。

（3）选择分销策略，即生产者在特定的市场里，选择几家批发商或零售商经销其产品，如采取特约经销或代销的形式把经销关系固定下来。可以获得经销商的合作，提高经销商的经营积极性，生产者与经销商之间关系密切，依附关系较强，可以减少经销商之间的盲目竞争，有利于提高产品的声誉。

3）规定渠道成员彼此之间的权利、责任和义务

这包括对不同类型的中间商给予不同的价格，还要规定交货和结算条件，以及规定彼此为对方提供的义务。

3. 分销渠道的评估

每一个渠道设计方案都可能成为企业产品送达最后顾客的最终路线。选择哪种渠道或以哪种渠道为主，就必须结合企业自身的条件、营销目标，选择最能满足企业长期目标的方案。因此，当生产者面对几种可供选择的渠道设计方案时，对于每一种渠道方案，必须进行评估。评估的标准有三个，即经济性、控制性和适应性。

1）经济性

经济性标准是最重要的标准，这是企业营销的基本出发点。不同渠道导致不同的销量和成本。经济性标准要求企业在评估分销渠道方案时，要比较每个方案可能达到的销售额及费用水平。企业要对此进行权衡，从中选择最佳的分销渠道。一般而言，电子商务、电话营销等直接营销渠道在营销成本方面比零售商店、批发商、人员直销等非直接营销渠道具有更大的优势，这也是近年来电子商务迅速发展的根本原因。

2）控制性

在对两条以上的分销渠道进行评估时，需要把控制问题考虑在内。利用企业的推销人员显然比利用销售代理更易于控制。这是因为销售代理商是追求自身利润最大化的独立的商业企业，他们可能专注于那些能为其带来最高利益的顾客，而不是某个企业的产品。再者，代理商的销售人员可能不熟悉有关厂商的产品技术细节，也不会有效运用厂商的促销材料。这种产销双方之间的利益矛盾必须及时加以控制和解决。

3）适应性

在评估各分销渠道方案时，还有一项需要考虑的标准，那就是生产者是否具有适应环境变化的能力。就每一条渠道而言，其所承担的义务都是有一定期限的。在此期限间，生产者不能随意更改合同或调整渠道，这又将使渠道失去灵活性和适应性。所以，涉及长期承诺的渠道方案，只有在渠道的经济性和控制性都较有优势的情况下，才可予以考虑。

（二）分销渠道的组织

分销渠道的组织是对分销渠道方案的落实。

1. 分销渠道的组织方式

采取不同的组织方式，将会建立性质不同的中间商，并决定了企业与中间商的关系。分销渠道的组织方式有3种：

1）企业在目标市场设立自己的销售网点（子公司、分公司或销售点）

这种网点是企业的直接渠道成员，企业对它的可控性最高。但如果企业同时还有中间商，则企业设立这种自销网点，常常会招致其他经销商的攻击、抵制，影响经销商的积极性。所以，除非企业全部采取自销方案（直接渠道），否则这种性质的网点不宜多设。

2）企业与各地的中间商共同组建分销机构（合资公司、股份公司或合作公司）

这是按现代企业制度建立的具有独立法人资格、自主资格、自负盈亏的流通企业。企业对这种公司的控制权依其股份的多少而异。通常情况下，企业采取以知识产权、经营特权、销售返利等形式出资，也有的企业以投资或现金形式出资。

3）企业在社会的中间商中招募经销商、特约经销商或销售代理商

企业对这种中间商没有资产关系，只是业务合作关系。相对以上两种方式，企业对此类中间商的控制力小一些。但此类中间商是大部分企业产品分销的主要形式，是企业依据一定程序选建的。

2. 中间商的选建程序

企业经销商、特约经销商或销售代理商的发展，必须依据一定程序，做到科学选建。

以某品牌轿车经销商选建程序为例，包括以下 4 个步骤：

（1）有意加盟的中间商，向所在地区的汽车厂家设立的营销管理机构提交正式的书面申请，并附有关资质材料，如营业执照及法人代码、经营资格证明、资信证明、近期的财务决算书、当地市场基本数据或市场调查书、营业场所标定图及公司内外图纸或照片等。

（2）区域管理机构初步考察、评估。

（3）企业营销总部审查，主要审查其资质、销售能力以及是否符合企业的分销渠道布局规划。通过后，通知申请人按相应的经销商等级的建设规范，进行硬件和软件建设。

（4）申请人按建设规范施工完毕后，申请复审。复审通过，则审批、签约，纳入企业销售网点管理序列。

（三）分销渠道的管理

分销渠道的管理，主要包括对各类中间商的培训、激励、考核、调整、协调和管理等内容。

1. 培训与激励

企业需要仔细地制订渠道成员的培训计划，并认真执行，特别是产品技术含量较高的企业，尤其如此。培训的对象包括中间商负责人和中高级管理人员，属于高级层次的培训；中间商的各种业务的骨干人员，属于业务层次的培训。高级培训的内容包括战略培训、企业对中间商管理规范的培训等。业务培训的内容包括会计与财务业务、销售和服务管理业务、信息管理业务、配件业务、新型拓展业务及产品关键技术等。

培训有利于提高中间商的经营能力，本身也属于给予中间商激励的一种方式。除此以外，企业还应同中间商加强沟通，消除彼此之间的矛盾，减少相互抱怨。由于中间商是独立实体，在处理同生产商、顾客的关系时，首先，往往偏向于自己和顾客一方，认为自己是顾客的采购代表，讨价还价；其次，才考虑生产商的期望。因此，欲使中间商的分销工作达到最佳状态，生产商应该用看待最终用户的方式来看待中间商，应对其进行持续不断的激励。激励的方式很多，且要不断创新。

2. 考核与调整

对中间商的工作绩效要定期考核，如销售定额完成情况、平均存货水平、送货时间、对残次品的处理情况、促销和培训计划的合作情况、贷款返回状况、对顾客提供的服务水平和顾客的满意度、经营设施的投资水平及改进情况、执行生产企业营销政策的情况等，这些都是经常性考核的项目内容。这些考核一般以年度为周期进行，考核的结果将是企业对中间商进行计酬、奖励、惩处，乃至调整或取消某些分销渠道成员的依据。

当然，除中间商工作不力需要调整、淘汰外，还有一些原因也会引起分销渠道的调整。例如，市场环境的变化、消费者购买方式的变化、市场扩大或缩小、出现新的分销方式等。另外，现有渠道结构通常不可能总是在既定的成本下带来最高效的服务，随着渠道成本的变化，有必要向理想的渠道进行结构性升级。生产企业调整分销渠道，主要有 3 种方式：增减某一渠道成员；增减某一分销渠道；调整、改进整个市场营销系统。

3. 协调与管理

1）渠道冲突的类型

由于利益的冲突，在汽车分销渠道成员间经常出现矛盾和冲突，需要加以协调。渠道冲突主要有 3 种类型：

（1）垂直渠道冲突。

即同一条渠道中不同层次之间的冲突。如生产商与代理商之间、批发商与零售商之间，可能就购销服务、价格和促销策略等方面发生矛盾和冲突。

（2）水平渠道冲突。

即不同渠道内同一层次渠道成员之间的冲突。如批发商与批发商、零售商与零售商之间的冲突。

（3）多渠道冲突。

即两条以上的渠道向同一市场出售产品引起的冲突。

2）渠道冲突的原因

导致上述渠道冲突的原因如下：

（1）渠道成员之间的目标不同，如生产商希望以低价策略获得市场的高速成长，而零售商则希望以高价策略获取短期高利润；

（2）没有明确的授权，如销售区域的划分、权限和责任界线不明确等；

（3）各自的预期不同，如对经济形势的看法，生产厂商看好，但经销商看淡；

（4）中间商对生产商过分依赖，如经销商的经营状况往往决定于生产商的产品设计和定价策略，由此会产生一系列冲突。

3）解决渠道冲突的措施

渠道冲突有些是结构性的，需要通过调整渠道的方法解决；有些则是功能性的，可以通过管理手段来加以控制。主要措施如下：

（1）加强渠道成员之间的合作。

渠道成员之间应确立和强化共同目标，如市场份额、高品质、用户满意度等目标，特别是在受到外界竞争威胁时，渠道成员之间会更深刻地体会到实现这些共同目标的重要性，渠道成员之间应努力理解对方，多从对方的角度考虑问题；一个成员还须努力赢得另一成员的支持，包括邀请对方参加咨询会议、董事会及根据对方意见合理修订本方政策等，以减少冲突。

（2）发挥民间组织的作用。

加强渠道成员之间的业务沟通。如通过行业协会互相交换意见，促进各方做好工作。

（3）通过政府有关部门解决。

当冲突经常发生或冲突激烈时，有关各方可以采取谈判、调解和仲裁的办法，根据政府机构相关程序解决冲突，以保证继续合作，避免冲突升级。

任务实施

总结本节知识要点，全面掌握相关知识。

一、了解汽车分销渠道的概念

（1）直接渠道，推销员上门推销，设立自销机构，通过订货会或展销会与用户直接签约供货等形式。生产企业→消费者。

（2）间接渠道，生产商通过中间商卖货给消费者。比如，生产企业→总经销商→批发商→经销商→消费者。

二、分析和选择最佳中间商

（1）经销商。

（2）销售代理商。

（3）特约经销商。

（4）总代理。

（5）零售商。

三、对分销渠道进行设计

1. 考虑分销渠道设计的影响因素

（1）产品因素：考虑产品单价、体积与重量、技术的复杂性等因素。

（2）市场因素：考虑市场范围的大小、消费者的购买数量、消费者的购买习惯等因素。

（3）企业自身因素：考虑企业的信誉与资金、自身的营销能力和销售经验等因素。

2. 分销渠道设计的内容

（1）确定渠道长度：决定采取何种类型的销售渠道，即自销还是分销。

（2）确定渠道宽度：用开放型、封密型或选择型分销策略来确定中间商数目。

四、对分销渠道进行管理

（1）培训与激励。

（2）考核与调整。

（3）协调与管理。

拓展提升

专项实训：某汽车品牌销售渠道方案设计

一、实训目的

通过专项实训，学生能够把学习的相关知识结合起来，对汽车分销渠道的作用、国内外汽车分销渠道模式进行分析，能够设计一个汽车企业的汽车品牌分销渠道方案。

二、实训步骤

（1）教师将学生分组，学生每5～7人一个小组，选出组长，以小组为单位，选择熟悉的汽车企业的汽车品牌进行讨论。

（2）运用本项目学到的知识，分工合作，收集材料，讨论选定汽车品牌分销渠道设计方案。

（3）撰写汽车品牌分销渠道设计方案实训报告（1 000字以上），上交教师。

（4）派小组代表上台演示结果，老师随意提问小组成员。

三、实训考核

（1）实训报告内容的完整性和科学性。

（2）实训报告的可行程度。

（3）撰写实训报告的水平。

（4）小组演示和提问回答的水平。

四、实训结果提交方式

提交实训报告和幻灯片演示文档。

拓展学习

在线测试

五、案例分析

分销概述 案例	中间商 案例	分销渠道选择与管理 案例

六、训练习题

分销概述 训练习题	中间商 训练习题	分销渠道选择与管理 训练习题

任务3-4　推销策略

任务引入

　　现代汽车市场营销不仅要求企业开发适销对路的汽车产品，制定有吸引力的汽车产品价格，通过合适的分销渠道使目标消费者易于得到他们所需要的汽车产品，而且还要求企业树立其在市场上的形象，加强企业与社会公众的信息交流和沟通，即进行推销活动。现代汽车企业推销的手段与方式日新月异，由于各种手段和方式各具不同特点，因此需要在实际推销活动中组合运用，各种不同的推销方式组合形成了不同的汽车推销策略。

任务描述

　　现代汽车营销要求开发优良的汽车产品并给予有吸引力的汽车定价，以便让目标消费者接受。除此之外，还要求汽车经销商与现有的及潜在的消费者之间、汽车生产企业和公众之间都能加强沟通，从而激发消费者的购买欲望，实现汽车产品销售的快速增长。因此，汽车推销策略已成为汽车企业整个营销策略中最重要的一环。

任务目标

　　1. 知识目标
　　（1）熟悉汽车推销相关策略以及应考虑的各种因素。
　　（2）掌握人员推销、广告推销、营业推广、公共关系推销的含义、特点和作用。
　　（3）掌握四种汽车推销方式的具体形式和实现方法。
　　2. 能力目标
　　（1）能够运用四种推销方式来实施实际的推销项目。
　　（2）能够结合本地区汽车市场环境，制定相关的汽车推销组合策略。

相关知识

一、推销概述

3-4-1 推销概述课件

3-4-2 推销概述微课视频

推销策略是现代市场营销的一个重要组成部分，推销策略运用得是否得当，关系到企业产品的形象，进而影响到企业的生存和发展。推销活动实质上是一个沟通过程，它的主要任务是将有关企业产品的信息传递给目标市场上的顾客，以达到扩大销售的目的。今天社会已经进入信息时代，开展有效的推销活动对企业发展至关重要。

（一）推销的概念

推销是促进产品销售的简称。所谓推销，是指企业营销部门通过一定的方式，将企业的产品信息及购买途径传递给目标用户，从而激发用户的购买兴趣，强化购买欲望，甚至创造需求，从而促进产品销售的一系列活动。从市场营销的角度看，汽车推销是汽车企业通过人员和非人员的方式，沟通企业与消费者之间的信息，帮助消费者认识商品或服务所带来的利益，刺激、引发消费者的消费欲望和兴趣，使其产生购买行为的活动。推销的实质是传播与沟通信息，目的是促进销售、提高企业的市场占有率并增加企业收益。

推销有以下几层含义：

1. 推销的核心是沟通和传递信息

推销实质上是企业与消费者直接的信息沟通活动。通过这种沟通，企业把有关自身和所生产的产品、服务的信息传递给消费者，使其充分了解企业及其产品、服务的性质、特点、价格等，帮助其进行判断和选择，这是企业向消费者传递信息。同时，在推销过程中，消费者又把对企业及其产品、服务的认识和需求动向反馈到企业，引导企业根据市场需求进行生产经营，这是消费者向企业传递信息。可见，推销的实质是生产者、经营者与消费者之间互相沟通信息的过程，这种沟通是卖方与买方的双向沟通。

2. 推销的目的是引发、刺激消费者产生购买行为

企业必须通过运用各种推销手段，吸引消费者的注意力，使其对企业的形象或产品产生兴趣，激发其购买欲望，诱发其购买行为，从而实现产品和劳务的转移。

3. 推销的方式有人员推销和非人员推销两大类

推销的方式分为人员推销和非人员推销。非人员推销又包括广告推销、营业推广、公共关系推销三个方面。推销策略的实施，也是通过上述推销方式的运作实现的。

（二）推销的作用

现代市场营销将各种推销方式归纳为 4 种基本类型，即人员推销、广告推销、营业推广（又叫销售促进）、公共关系推销。推销活动对企业的生产经营意义重大，是企业市场营销的重要内容。推销的作用主要表现在以下几个方面：

1. 传递信息，提供情报，提供商业信息

通过推销宣传，可以使顾客知道企业生产经营什么产品、产品有什么特点、到什么地方购买、购买的条件是什么等。从而引起顾客注意，激发并强化购买欲望，为实现和扩大销售做好舆论准备。

2. 突出产品特点，诱导需求，提高竞争能力

通过推销活动，可以宣传企业产品的特点，提高产品和企业的知名度，加深顾客的了解和喜爱，增强信任感，也就提高了企业和产品的竞争力。

3. 强化企业形象，巩固市场地位

恰当的推销活动可以树立良好的企业形象和产品形象，使顾客对企业及其产品产生好感，从而培养和提高顾客的忠诚度，形成稳定的顾客群，可以不断地巩固和扩大市场占有率。

4. 影响消费，刺激需求，影响顾客的购买倾向，开拓市场

这种作用尤其在企业的新产品推向市场时，效果更为明显一些。企业通过推销活动诱导需求，有利于新产品打入市场和建立声誉。推销也有利于开发潜在需求，为企业持久地发掘市场需求提供可能性。

（三）推销方式

推销方式分为人员推销和非人员推销。人员推销主要适合于消费者数量少、比较集中的情况，其针对性强，但影响面窄，成本高昂，而且优秀的推销人员并不是随处可觅、容易培养的。非人员推销是指企业借助广告、营业推广和公共关系等媒介，传递企业或产品的信息，促使消费者产生购买欲望和购买行为的一系列活动。非人员推销包括广告推销、营业推广和公共关系推销三种具体方式，如表 3-4-1 所示。

表 3-4-1 推销方式

人员推销	广告推销	营业推广	公共关系推销
对组织推销	影视广告	抽奖	报刊稿件
对个人推销	广播广告	赠送消费卡、代金券	演讲
销售会议	户外广告	赠品	研讨会
	海报和传单	以旧换新	慈善捐款
	包装广告	折扣	厂庆活动
	店堂陈列广告		企业刊物

（四）推销组合策略

推销组合策略就是把人员推销、广告推销、营业推广、公共关系推销等各种方式有目的、有计划地结合起来，并加以综合运用，以达到推销目标。在制定推销组合时，应考虑推销目标、产品因素、市场状况、推销费用等因素的影响。

1. 推销目标

要制定最佳的推销组合，首先要考虑推销目标，推销目标不同，应配以不同的推销组合。比如，推销目标是立即取得良好的销售业绩，则应采用营业推广、人员推销和广告推销。

2. 产品因素

1）产品档次

产品档次不同，消费人群也不同，相应的品牌认知也不同，因而应采取不同的推销组合策略。一般来说，广告推销一直是各种档次的汽车市场开展营销活动的主要推销方式；人员推销则是中、低档汽车市场开展营销活动的主要推销方式；而营业推广则是高、中档汽车市场开展营销活动的主要推销方式。

2）产品生命周期

汽车产品生命周期阶段不同，推销目标也不同，汽车营销人员要相应地选择不同的推销组合。

3. 市场状况

市场规模和类型不同，用户的数量也就不同。规模小、相对集中的市场，应以人员推销为主，如各种专业车辆的销售。市场规模大，用户分散的市场，广告推销是最有效的推销手段，如普通轿车及农用车、摩托车的销售。用户少、购买量大的市场，则宜以人员推销为主，辅之以营业推广、广告推销和公共关系推销。此外，企业在考虑市场时，应充分考虑竞争对手的状况，选择适合的推销策略和推销组合。

4. 推销费用

一个企业能够用于推销的费用也影响推销组合的选择。企业在选择推销组合时，首先，要进行推销预算，综合考虑推销目标、产品特征、企业财力及市场竞争状况等因素；其次，要对各种推销方式进行比较，以尽可能低的费用取得尽可能好的推销效果；最后，要考虑推销费用的分摊。

另外，运用推销组合还要考虑产品的属性和特征，如商用车辆和家用轿车的推销方式不同，商用车辆适合人员推销，而家用轿车则可以依赖广告推销。豪华型轿车和经济型轿车的推销方式同样存在差异。因此，营销人员在运用推销组合时，要充分考虑不同的汽车产品、环境、消费者，进行灵活调配和合理组合。

二、各种推销方式介绍

3-4-3 推销方式课件

3-4-4 推销方式微课视频

（一）人员推销

1. 人员推销的概念

人员推销指企业的推销人员直接对消费者做介绍、说服工作，促使消费者了解本企业的产品，进而采取购买行为的一种推销手段。按照现代推销观念，人员推销和营业推广属于不推不销的推动式策略，广告推销以及公共关系推销属于不推而销的拉动式策略。

人员推销的优点：

（1）能有效地发现并接近顾客；

（2）推销宣传针对性强；

（3）推销策略灵活机动；

（4）信息交流具有双向性；

（5）便于密切企业与用户的关系。

它也具有推销成本高、对推销人员的素质要求高、管理难度大等缺陷。

企业在决定使用人员推销手段时，应考虑以下因素：

1）市场的集中程度

人员推销对消费群体相对集中的市场很有效，而对于消费群体相对分散的市场，它的作用就很有限。

2）市场用户类型

汽车产品，如配件、半成品的产业用户，一般购买量大，并具有行为的连续性，因而广泛应用人员推销；而对于普通汽车用户，虽然整个市场对配件的需求量很大，但单位数量用户的购买量却很少，这时宜采用广告推销向普通用户宣传介绍产品，人员推销只面向中间商或批发商。

3）产品的技术含量

若产品技术含量很高，顾客很难全面了解产品的性能及特点，单凭广告推销不易使其产生购买欲望，在这种情况下，应用人员推销就非常有必要。

4）产品的价格

高价格的产品使顾客产生风险感，利用人员推销可以及时解除顾客的心理压力，坚定顾客的购买信心，以促进产品销售。

2. 人员推销的基本形式

人员推销主要有三种形式：一是上门推销；二是柜台推销；三是会议推销。

1）上门推销

这是指由汽车推销人员携带汽车产品的说明书、广告传单和订单等走访顾客，推销产品。这种形式是一种积极主动的、名副其实的正宗推销形式。上门推销的好处是推销员可以根据各个用户的具体兴趣特点，有针对性地介绍有关情况，并容易立即成交。

2）柜台推销

柜台推销也称为门市推销，这是指汽车企业在适当的地点设置固定的门市、专卖店等，由推销员接待进入门市的顾客，推销产品。柜台推销是等客上门的推销方式，汽车销售顾问在销售大厅对消费者的顾问式销售，就属于这种推销方式。

3）会议推销

这是指利用各种会议向与会人员宣传和介绍产品，开展推销活动。会议推销具有群体推销、接触面广、推销集中、成交额大等特点，而且企业可在会内会外开小会，同与会客户充分接触，只要有客户带头订货，形成订货气候，就容易实现大批量交易。这种方式现在是推销汽车的极好形式，而且已成为各大城市提高知名度、带动消费和吸引商机的极好形式。

3. 人员推销的过程

公式化推销理论将人员推销的过程分成 7 个不同的阶段。

即寻找顾客→事前准备→接近顾客→介绍产品→克服障碍→达成交易→售后追踪。

1）寻找顾客

这是推销工作的第一步。

2）事前准备

推销人员必须掌握三方面的知识：产品知识、顾客知识、竞争者的知识。同时，还要准备好样品、说明材料，选定接近消费者的方式、访问时间、应变语言等。

3）接近顾客

即开始登门访问，与潜在顾客开始面对面的交谈。

4）介绍产品

在介绍产品时，要注意说明该产品可能给顾客带来的好处，要注意倾听对方发言，判断顾客的真实意图。

5）克服障碍

推销人员应随时准备应付不同的意见。

6）达成交易

接近和成交是推销过程中两个最困难的阶段，而达成交易是推销的最终目的。

7）售后追踪

如果推销人员希望顾客满意并重复购买，则必须坚持售后追踪。推销人员应认真执行订单中所保证的条件，例如交货期、售后服务、安装服务等内容。

4. 人员推销的基本策略

1）寻找新客户的策略

从营销的角度看，所谓新客户，是指那些具有购买能力、能决策的潜在需求者。要想使推销成功，寻找新客户是第一步，也是重要的一步。寻找新客户时可以采取守株待兔策略和主动出击策略。

2）接近客户的策略

寻找到新客户以后，接下来的任务就是要接近客户，获得客户的好感，以便进一步实施产品推销。要想接近客户，首先必须做好接近客户的准备工作，这些准备工作主要包括调查客户情况、了解企业及其产品的最新情况等，做到知己知彼。

3）说服客户的策略

在买方市场下，要想说服客户达成交易，的确不是一件易事。主要包括以下方法：

（1）提示说服法。它是通过直接或间接、积极或消极的提示，激发客户购车的欲望，由此促使客户作出购买决策。

（2）演示说服法。演示说服法是指通过产品的文字、图片、影视、音响、证明等资料引导客户作出购买决策。

（二）广告推销

广告推销以下简称广告。

1. 广告的概念

广告是指企业以营利为目的，由商品经营者或服务提供者承担费用，通过一定的媒介形式直接或间接地介绍企业所推销的产品或者所提供的服务的商业活动。做广告要支付费用；传递信息、追求营利是广告的重要目的；广告的特点是信息传播面广，易引起注意，形式多样；但说服力小，不能直接成交。

广告有广义和狭义之分。广义的广告包括非经济广告和经济广告。非经济广告指不以营利为目的的广告，包括各类公益性广告等；狭义的广告仅指经济广告，又称为商业广告，是指以营利为目的的广告，通常是生产者、经营者和消费者之间沟通信息的重要手段，或企业占领市场、推销产品、提供劳务的重要形式。

汽车广告是汽车企业通过付款的方式，有计划地利用各种传播媒介沟通信息，树立企业形象，引导消费者，推销产品或服务的活动。

汽车广告要体现汽车企业的品牌和汽车产品的形象，从而吸引、刺激、诱导消费者购买该品牌汽车。

2. 广告目标的选择

首先，应对企业营销目标、企业产品、定价和销售渠道策略加以综合分析，以便明确广告在整体营销组合中应完成的任务，以及达到什么样的目标。其次，要对目标市场进行分析，使广告目标具体化。

广告目标包括的具体内容如下：

（1）促进沟通，需明确沟通到什么程度；

（2）提高产品知名度，帮助顾客认识、理解产品；

（3）建立需求偏好和品牌偏好；

（4）促进购买，增加销售，达到一定的市场占有率和销售量。

3. 广告的作用

汽车广告主要具有以下几个作用：

（1）建立知名度。通过各种媒体组合，向消费者传达汽车信息，吸引目标消费者的注意。

（2）刺激消费，扩大产品销售。

（3）树立企业形象，维持和扩大企业产品的市场占有率。对于汽车这样的高档耐用品，消费者在购买时，十分重视企业形象，广告可以提高汽车生产企业的知名度和声誉。

（4）介绍产品，传递信息，促进了解。

（5）有效提醒。如果潜在消费者已经了解到这款车型，但还在犹豫中尚未购买，广告能不断提醒消费者。

4. 广告同产品生命周期的关系

产品所处生命周期不同，广告的形式和目标应有所差异。对处于导入期和成长期的产品而言，广告的重点应放在介绍产品知识，灌输某种观念，提高知名度和可信度上，以获得目标用户的认同，激发购买欲望。

对处于成熟期的产品而言，广告的重点则应放在创名牌、提高声誉上，指导目标用户选择，说服用户，争夺市场。

对处于衰退期的产品而言，广告的重点要以维持用户的需要为主，企业应适当压缩广告的作用。

5. 广告的推销过程

1）确定广告的目标

如告知型（开拓）、说明型（竞争）、突出特色型（成熟）。

2）确定广告预算

确定广告预算，除了要考虑企业的实际需要和实际财务状况外，还要考虑汽车产品的生命周期、市场份额和消费者基础、竞争情况、广告频率及产品替代性。

3）广告定位

广告定位是指把广告的商品放在最有利的诉求位置上。应用广告定位策略时，可以从商品本身进行定位，也可以从消费者方面进行定位。具体可分为以下几种形式：

（1）市场定位；

（2）功能定位；

（3）品质定位；

（4）价格定位；

（5）文化定位。

4）选择广告媒体

广告媒体是广告信息的载体和传播技术手段，广告信息是在广告公司的制作加工之后，通过媒介发送给广大消费者的，因而广告媒体在市场上起着重要作用。

经典的广告媒体有电视、广播、报纸和杂志；

辅助的广告媒体有广告牌、印刷品、公共汽车、流动广告车、霓虹灯、商品包装物等。

近年来，互联网媒体的利用率较高。

6. 几种主要广告媒体的特点

1）报纸广告

报纸广告的优势是：覆盖面广、读者稳定、传递信息灵活迅速，新闻性、可读性、知识性、指导性和记录性显著，便于保存，可以多次传播信息，制作成本低廉等。报纸广告的局限是它以新闻为主，广告版面不可能居于突出位置，广告有效时间短，日报仅有一天甚至半天的生命力。广告的设计、制作较为简单，形式单一，广告用语也往往模式化。

2）杂志广告

杂志广告是指利用杂志封面、封底、内页、插页为媒体刊登的广告。杂志广告的优势是阅读有效时间长，便于长期保存，内容专业性强，有独特、固定的读者群，可以有的放矢地刊登相应的商品广告。杂志广告的局限性是周期较长，不利于快速传播，由于截稿日期比报纸早，杂志广告的时间性不够明显。

3）电视广告

电视广告是指利用电视为媒体传播放映的广告。电视广告的优势很明显，收视率高，插播于精彩节目中间，观众为了收看电视节目愿意接受广告。电视广告形色兼备，可给人强烈的感官刺激。电视广告的局限性主要是制作成本高，电视播放收费高，而且瞬间消失。

4）广播广告

广播广告是指利用广播为媒体播送传导的广告。由于广播广告传收同步，听众容易收听到最新最快的商品信息，而且每天重播频率高、速度快、空间大，广告制作费也较低。随着汽车的普及，不少车主在驾车、乘车时都习惯收听广播，故而汽车产品和服务的广告针对性较强，效率较高。广播广告的局限性是只有听觉刺激，没有视觉刺激，而且瞬间即逝，不易保存。

7. 常见汽车广告的宣传形式

1）给顾客留下深刻印象

突出各种形式，给顾客留下深刻印象，促使顾客购买。

2）宣传品牌个性

如突出品牌 LOGO、品牌文化。

3）宣传产品特性

不少以功能、实用性、性价比为竞争优势产品的广告宣传，往往注重宣传产品特性。通过广告，传递给消费者本车的信息和特征亮点，帮助消费者在选择产品的时候进行横向比较。这种形式在商用车、国产轿车中比较常见。

4）打情感牌

把消费者个人的情感差异和需求作为企业品牌营销战略的情感营销核心，通过借助情感，包括情感推销、情感广告、情感品牌、情感设计等策略来实现企业的经营目标。

5）针对竞争对手

针对竞争对手的品牌、产品以及广告推出的广告，也是十分常见的。有的汽车公司为了应对竞争对手的挑战，根据竞争对手的竞争行为，有针对性地开展广告。

8. 汽车营销广告

1）汽车营销广告的特点

汽车营销广告是以市场营销观念为基础的广告，营销广告不是以企业为中心，而是以消费者为中心，强调从消费者需求及广告受众的接受心理出发，开展广告宣传，注重广告的整体效应和长期效应。

汽车营销广告的基本特点主要是：以消费者的需求为出发点，以树立企业及其产品形象为宗旨、以扩大和占领市场为目的、以重视全面策划效应为手段。

2）汽车营销广告的意识

（1）调研意识；

（2）竞争意识；

（3）策划意识；

（4）创新意识。

3）汽车营销广告的决策

（1）营销广告的产品定位；

（2）营销广告的创意；

（3）营销广告与汽车产品生命周期策略；

（4）营销广告宣传时间。

（三）营业推广

营销推广是指除人员推销、广告推销和公共关系推销之外能有效地刺激顾客购买、提高交易效率的一种推销活动。

1. 营业推广的概念

营业推广又称销售促进，是指汽车企业运用各种短期诱因鼓励购买、经销或代理汽车产品。它的特点是可有效地吸引客户，刺激购买欲望；但只能是短期使用。

营业推广是与人员推销、广告推销和公共关系推销并列的四种推销方式之一，是构成推销组合的重要方面。

营业推广的对象主要包括目标用户和汽车经销商两类。对目标用户的营业推广，目的是鼓励用户试买、试用，争夺其他企业的客户，形式主要有服务推销、价格折扣、先使用后购买、以旧换新、展销、赠品、抽奖、卖方信贷等。对经销商的营业推广，目的是鼓励经销商多买和大量购进，并建立持久的合作关系，主要形式有批量和现金折扣、展销、行业会议、销售奖励、广告补贴、商业信用、价格保证、互惠政策等。

营业推广作为重要的推销方式，主要有以下几个特点：

（1）见效迅速；

（2）表现形式直观；

（3）与消费者开展互动；

（4）目标明确、易于量化；

（5）短期性；

（6）只是辅助性推销方式；

（7）若使用不慎，可能降低品牌、产品价值。

2. 营业推广的方式

1）针对消费者市场的营业推广

（1）分期付款。

分期付款通过首期付款的方式，把价格"降"下来，实现了不同消费层次的现实购买力，并以余款延期支付的方式，解决了购销双方的资金问题。

（2）汽车租赁销售。

汽车租赁销售是指承租方向出租方定期交纳一定的租金，以获得汽车使用权的一种消费方式。

（3）汽车置换业务。

汽车置换业务包括汽车以旧换新、二手汽车整新跟踪服务、二手汽车再销售等项目的一系列业务组合。

（4）赠品。

购买汽车附带赠送某些礼品。

（5）免费试车。

邀请潜在消费者免费试开汽车，刺激其购买兴趣。

（6）销售陈列和商品示范。

在汽车展厅通过布置统一标准的室内装饰画、广告陈列架等结合汽车的陈列，向消费者进行展示。

（7）使用奖励。

企业为了促进汽车销售，对使用该企业汽车产品的优秀用户给予精神和物质上的奖励。

2）针对经销商的营业推广

（1）价格折扣。

（2）折让。

（3）免费商品。

3）针对汽车中间商的营业推广

（1）批发回扣。

汽车企业为争取汽车批发商或零售商多购进自己的汽车产品，在某一时期内给经销本企业产品的批发商或零售商加大回扣比例。

（2）推广津贴。

汽车企业为促使汽车中间商购进企业产品并帮助企业推销产品，可以支付给汽车中间商一定的推广津贴。

（3）销售竞赛。

根据各个汽车中间商销售本汽车企业产品的实绩，分别给优胜者以不同的奖励，如现

金奖、实物奖、免费旅游、度假奖等，以起到激励的作用。

（4）扶持汽车零售商。

汽车企业对汽车零售商专柜的装潢予以资助，提供卖点广告，以强化零售网络，促使销售额增加；可派遣厂方信息员或代培销售人员。企业这样做的目的是提高中间商推销本企业产品的积极性和能力。

3. 营业推广的常见工具

（1）分期付款；

（2）汽车租赁销售；

（3）汽车置换业务；

（4）赠品；

（5）免费试用；

（6）价格折扣；

（7）大拍卖及大甩卖；

（8）奖励；

（9）累计消费奖励；

（10）联合推广。

4. 制定详细的营业推广实施方案

一个营业推广的实施方案至少包括以下基本内容：

（1）确定优惠额度的大小；

（2）确定推销对象的范围；

（3）告知消费者；

（4）确定持续时间；

（5）选择汽车推销的时机；

（6）制定预算。

5. 营业推广的实施及评价

1）营业推广的实施

汽车营业推广方案制定之后，必须经过预先测试，才能向市场投放。可以邀请消费者对几种不同的可能优惠办法作出评价，也可以在有限的地区范围内进行试用性测试，以此明确推销工具是否适当，刺激效果是否最佳等。

汽车营业推广方案的实施必须包括销售准备阶段和销售延续阶段。销售准备阶段包括最初的计划工作、设计工作、配合广告的准备工作和销售点的材料准备，通知现场推销人员，为个别分销网点建立分配额，购买或印刷特别赠品或包装材料，存放在中间商处，准备在特定日期发放，等等。销售延续阶段指从开始实施优惠办法起，到大约95%的采取此优惠办法的汽车产品已在消费者手里为止的这一段时间。

2）营业推广的评价

一般用两种方法对汽车营业推广的效果进行评价：销售数据和消费者调查。

（1）销售数据。

通过销售数据可以对比出消费者在推销前后的购买行为，分析出各种类型的消费者对推销的态度，以及消费者后来对该品牌或其他品牌的行为。

（2）消费者调查。

通过这种调查，可以了解有多少人记得这次推销，他们的看法如何，以及这次推销对于他们随后选择品牌行为的影响程度。

在评估推销结果时，决策层还要注意一些可能的成本和问题。例如：推销活动可能会降低消费者对品牌的长期忠诚度，因为消费者会形成重视优惠的倾向而不是重视广告的倾向；某些推销方式还可能刺激经销商，使他们要求额外的折让；推销费用可能比计划的更昂贵等。

（四）公共关系推销

公共关系推销以下简称公共关系或公关。

1. 公共关系的概念

与广告推销和营业推广一样，公共关系推销是另一个重要的汽车营销工具。公共关系是指汽车企业在个人、公司、政府机构或其他组织间传递信息，以改善公众态度的政策和活动。它的特点是影响面大，对消费者印象深刻；推销效果间接，产生推销效果所需时间长；开展活动艺术性强。

企业公共关系是近年来发展起来的一门独特的组织管理技术，良好的公共关系有利于树立企业的良好形象，赢得企业内外相关公众的理解、信任、支持与合作，有利于企业创造良好的市场营销环境。公共关系包括以下含义。

（1）公共关系不仅在于宣传汽车产品，而且在于树立汽车企业的形象、汽车产品的品牌形象，是企业长远发展战略的一部分。

（2）公共关系有助于妥善处理顾客、经销商、新闻媒介、政府机构、内部员工等各方面的社会公众关系，为汽车企业的发展创造一个良好的外部环境。

（3）公共关系传播手段很多，可以通过媒体或直接传播的方式传播信息。

2. 公共关系的作用

1）建立知晓度

公共关系利用媒体来讲述一些情节，吸引公众对汽车产品的兴趣。如某汽车品牌热衷于赞助大型体育赛事，以吸引消费者的关注。

2）树立可信性

如有必要，公共关系可通过社论性的报道来传播信息以增加可信度。

3）刺激推销人员和经销商

公共关系有助于提高推销人员和经销商的积极性。

4）降低推销成本

公共关系的成本比广告的成本要低得多，推销预算少的企业，适宜较多地运用公共关系，以便获得更好的宣传效果。

3. 公共关系的主要方法

现代企业开展公共关系的活动可谓丰富多彩，常用的有以下几种：

（1）创造和利用新闻；

（2）参与各种社会活动；

（3）开展各项有意义的活动；

（4）编写和制作各种宣传材料；

（5）企业还可通过职工名片等各种途径搞好企业的公共关系。

4. 公共关系的载体

（1）新闻；

（2）演讲；

（3）特别活动；

（4）书面材料；

（5）公益活动。

5. 公共关系的策略

企业的公共关系策略分三个层次：一是公共关系宣传，即通过各种传播手段向社会宣传，以扩大影响，提高企业的知名度；二是公共关系活动，即通过举办各种类型的公关专题活动来赢得公众的好感，提高企业的美誉度；三是公共关系意识，即企业员工在日常的生产经营活动中所具有的树立和维护企业整体形象的思想意识。

1）新闻宣传

企业可通过新闻报道、人物专访、报告文学、记事、特写等形式，利用各种新闻媒介对企业进行宣传。新闻宣传无须付费，而且具有客观性，能取得比广告更好的宣传效果。然而，新闻宣传的机会往往来之不易，机会的获得需要企业有关人员具备信息灵通、反应灵敏、思维活跃等素质和条件，以便善于发现事件的报道价值，及时抓住每一个新闻宣传机会。

企业也可以通过召开新闻发布会、记者招待会等途径，随时将企业的新产品、新动向通过新闻界及时传达给社会公众。此外，还可以制造新闻，吸引新媒介关注，以求造成社会轰动效应。制造新闻并不是捏造事实、欺骗公众，而是对事件的发生事先计划，如利用一些新闻人物的参与，创造一些引人注目的活动形式，在社会焦点问题上表态亮相，等等，这些都可能增强事件的新闻色彩，引起新闻界的注意。

2）公共关系广告

企业的公关活动也包括利用广告进行宣传，这就是公共关系广告。公共关系广告与商业性广告的区别在于：它以宣传介绍企业的整体形象为内容，而不仅仅是宣传介绍企业的产品或劳务；它以提高企业的知名度和美誉度为目的，而不仅仅是为了扩大销售；它追求一种久远的、战略性的宣传效应，而不是像一般商业广告那样要求取得直接的、可度量的传播效果。

6. 汽车营销公关的任务

汽车营销公关的任务是为了帮助汽车这一特殊商品实现营销目标。具体地说，汽车营销公关工作主要承担以下四项任务：

1）与新闻界联系

与新闻界联系就是建立和保持与新闻传播媒体的关系，将有价值的汽车营销信息通过新闻媒体的传播，引起人们对汽车商品和售后服务的关注。

2）商品公关宣传

商品公关宣传就是配合第一线的营销部门为某个品牌或型号的汽车商品做宣传。

3）企业信息沟通

企业信息沟通就是利用公共关系手段帮助汽车企业实现与外部环境之间的信息沟通，促进各类公众对企业的了解。

4）建议和咨询

建议和咨询就是针对公众事件、企业地位、企业形象等问题向管理当局提出建议或咨询。

7. 汽车营销公关时机

在营销公关活动中，经常会产生这样的情况：即同样的公关投入往往会有不同的营销结果。当人们深入探究这种现象时，便可以发现，这种不同的结果，多数与选择公关的不同时机有关系。人们常说，行动要看时机，就像开船要趁涨潮。可见，把握营销公关时机，是实现营销公关有效性的重要条件。

1）营销公关时机的选择原则

（1）求实原则。

求实原则是指根据自己的实际情况，实事求是地选择适合企业实情的营销公关时机。

（2）焦点原则。

焦点原则是指营销公关时机的选择，以瞄准全社会集中关注的人和事为靶位，主动开展营销活动。

（3）深刻性原则。

深刻性原则是指营销公关时机的选择，以最容易让公众留下深刻印象的人与事为出发点。

（4）最大化原则。

最大化原则是指营销公关时机的选择以有大多数公众的参与为契机，扩大宣传，广交朋友。

2）常见营销公关时机

（1）抓住轰动事件。

所谓轰动事件，是指事件的结果和程度超出了人们的一般想象，并且对现实的生活和人们的心理产生极大震动的事件。

（2）依靠名人效应。

所谓名人效应，就是指借用那些有相当知名度的人士，这些人由于有着众多的追随者、崇拜者和已存在的声誉，能对公众产生影响。

（3）借助全民活动。

所谓全民活动，就是指在一个城市、一个地区、一个国家，甚至全世界范围内开展的，在同一时期或同一时刻为着一个共同的目标去执行和完成同一个内容的、由全体社会成员参加的活动。

（4）参与争议之辩。

所谓争议之辩，就是指某些特定的人与事由于处在善恶两难的判断之中，使社会评价出现不一致的情况，从而引起社会成员各执一词的舆论争议。

（5）跃入流行之潮。

流行的出现是营销公关选择的最好时机之一。流行的发生往往使整个社会在短时间内到处可见某一种行为方式或消费方式，从而可以利用其集中性和爆发性的特点，来提高营销公关的宣传效果和宣传强度。

（6）借托热点人物。

所谓热点人物，主要是指那些重大新闻事件中的主角人物。由于他们为新闻舆论所报道，为公众所议论，因此是选择营销公关活动的又一个有利时机。

（7）追踪体育比赛。

现代体育比赛是营销公关活动最理想的舞台，尤其是世界性的体育比赛，它的内涵早已超越了单纯的竞技比赛的范围而升华为一种人类文化的表达和共享。因此，它所包容的观众，是世界上任何活动项目都不能比拟的。

3）汽车营销公关语言艺术

信息传播在汽车营销公关活动中的重要作用，决定了作为公关信息基本载体和传播工具的语言在公关中的地位。在汽车营销公关实务中，公关语言艺术直接关系到信息传播的准确度，从而为营销公关目标的实现创造条件。

交往是实现公关关系的重要机制，交往的主要工具是语言。因此，交际语言对营销公关活动的有效性有着重要作用。交际语言技术可以分为接近的语言艺术、说服的语言艺术和应急的语言艺术。

任务实施

总结本节知识要点，全面掌握相关知识。

一、推销概述

1. 人员推销的方式

（1）上门推销。

（2）柜台推销（内见会、媒体见面会、试乘会）。

（3）会议推销（洽谈会、订货会、展销会、供货会）。

2. 推销的准备

（1）收集分析市场信息。

（2）提出活动企划案的主要内容。

（3）召开准备会议。

（4）设定目标。

3. 推销过程

（1）寻找顾客。

（2）事前准备。如建立客户资料卡（客户姓名、联络方式、感兴趣车型）。

（3）接近顾客。

（4）介绍产品。

（5）克服障碍。

（6）达成交易。

（7）售后追踪。

二、推销策略

1. 让消费者试用产品

（1）随货附送赠品。

（2）折价券。

（3）现场展示说明。

（4）降价或打折。

（5）样品或试用品免费发送。

2. 刺激消费者续购

（1）积分累积赠奖。

（2）赠奖。

（3）贵宾卡。

（4）寄回空盒兑奖。

（5）会员制。

（6）随货附彩券。

（7）拼图、游戏。

3. 维持消费者对品牌的忠诚度

（1）持续广告。

（2）寄回空盒兑奖。

（3）公关。

（4）积分券和兑换券。

4. 提高消费者购买的频率

（1）随货附送赠品。

（2）寄回空盒兑换。

（3）折扣出售。

（4）降价推销活动。

5. 清空商店存货

（1）买一送一，随货赠送。

（2）寄回空盒兑换。

（3）降价推销活动。

6. 促使客户光临现场

（1）赠品、纪念品。

（2）折扣出售。

（3）折价券。

（4）展示会。

拓展提升

专项实训：某汽车品牌推销组合方案设计

一、实训目的

通过专项实训，学生将学习的相关知识与汽车网络平台信息相结合，选择熟悉的某汽车品牌，针对本地区市场情况设计推销组合方案，完成汽车推销组合方案设计。

二、实训步骤

（1）教师将学生分组，学生5～7人一个小组，选出组长，以小组为单位，讨论并选择熟悉的汽车品牌。

（2）运用本项目学到的知识，分工合作，收集资料，讨论选定的汽车品牌推销组合方案计划。

（3）撰写品牌推销组合方案实训报告（1 000字以上），上交教师。方案中应包括活动名称、活动目的、活动时间、活动内容、活动组合方式、具体安排和人员数量等。

（4）派小组代表上台演示结果，老师随意提问小组成员。

三、实训考核

（1）实训报告内容的完整性和科学性。

（2）实训报告的可行程度。

（3）撰写实训报告的水平。

（4）小组演示和提问回答的水平。

四、实训结果提交方式

提交实训报告和幻灯片演示文档。

拓展学习

在线测试

成果提交

项目四

汽车营销策划与实施

　　我国汽车工业经过60多年的建设和发展，尤其是加入WTO以来，汽车市场日益火爆，竞争日趋激烈，如何和世界上的汽车工业强手竞争呢？除了提高生产能力外，还有一个很重要的方面，就是提高营销策划能力。汽车营销策划针对特定的营销对象和市场机会，在环境预期和市场分析的基础上，围绕汽车企业目标，根据汽车企业现有的资源状况，制定汽车企业的营销目标和解决问题的策略。它是启动汽车营销活动、引领汽车营销方向的领航员，并贯穿于汽车企业经营管理的全过程。汽车营销策划的内容是相当广泛和丰富的，从不同的角度出发，可以依据不同的标准作出不同分类。

　　本项目以汽车营销策划的实际工作过程为依据，以项目为载体，以工作任务为中心。为了更好地达到教学目标，完成汽车营销策划的教学内容，本项目从汽车营销策划书的撰写和汽车营销策划案的实施两个任务展开。

任务 4-1　汽车营销策划书的撰写

任务引入

　　小王在一汽-大众的一家 4S 店市场部工作，一天，市场部赵经理把小王叫过去，对他这段时间的工作做了肯定，同时也给他布置了一个任务，新速腾是一汽-大众不久前才推出的一款新车，在国内关注的人很多，市场部赵经理希望小王能根据这款车型，有针对性地策划一次营销活动，在 4S 店所在区域内扩大影响，吸引新的潜在客户来店看车，增加新车销售的机会。接到这个任务后，小王既高兴又有所担忧，领导这么器重他，他该如何来撰写策划书呢？策划书的格式又是怎样的呢？

任务描述

　　在了解汽车市场的背景下，学会如何从界定问题入手，针对所在地区汽车市场营销环境的现状，制定可行有效的汽车营销策划方案。基于以上任务，要求做到以下几点：

　　（1）了解营销策划的基础知识；
　　（2）了解营销策划的程序；
　　（3）掌握汽车营销策划书的撰写方法。

任务目标

　　1. 专业能力
　　（1）能够了解汽车营销策划的含义；
　　（2）能够了解汽车营销策划的程序；
　　（3）能够了解汽车营销策划的原则；
　　（4）能够掌握汽车营销策划书的撰写方法。

2. 社会能力

（1）能树立进取意识、效率意识、规范意识；

（2）能强化人际沟通能力和客户关系维护能力；

（3）具有维护组织目标实现的大局意识和团队能力；

（4）具有爱岗敬业的职业道德和严谨务实勤快的工作作风；

（5）具有自我管理、自我修正的能力。

3. 方法能力

（1）具有利用多种信息化平台进行自主学习的能力；

（2）具有制订工作计划、独立决策和实施的能力；

（3）具有运用多方资源解决实际问题的能力；

（4）具有准确的自我评价能力和接受他人评价的能力；

（5）具有自主学习与独立思考的能力。

相关知识

一、汽车营销策划的含义

4-1-1　汽车营销策划基础课件

4-1-2　汽车营销策划基础微课视频

（一）策划的概念

策划就是对某件事或某种项目有何计划、用什么方法、采取何种谋略进行综合考虑，然后实施运行，使之达到较好的效果。著名的《哈佛企业管理通鉴》对策划给予了明确的定义：策划是一种程序，其本质是一种运用脑力的理性行为，基本上所有的策划都是关于未来事物的行为。也就是说，策划是针对将要发生的事情作当前的决策。换言之，策划是找出事物的因果关系，预测未来可采取的措施，作为目前决策的依据。它包括团体策划和个人策划、政治策划和军事策划、企业策划和政府策划、战略策划和策略策划等。凡是有决策、有计划的领域就有策划，只要有管理，就存在策划活动，策划的科学性和决策的成功是密不可分的。

策划的种类繁多，市场营销策划是运用于企业经营活动的重要分支。

（二）汽车营销策划的概念

营销策划（营销活动策划）的定义有广义和狭义之分。

狭义的营销策划属于传统策划思想，即传统的 4P 公式。它是以营销策略性策划为核心的营销组合策划，即产品＋价格＋渠道＋促销。

广义的营销策划定义实际上超越了传统的现代营销策划思想，立场已经从企业本身扩大到社会的各种组织，即从传统的 4P 基础上扩大到能够影响营销策划制定的各个方面，比如权利、公关、服务和客户等。

综合以上两点，我们可以得出汽车营销策划的定义就是汽车企业在通过对汽车营销环境充分分析的基础上，找出机会点，选择营销渠道和推销手段，设计符合本企业发展的营销目标和战略，在实施的过程中予以控制和监督，经过精心构思设计，将产品推向目标市场，以达到占有市场的目的，主要由策划人、策划目标、策划资源和策划方案四大要素组成。

（三）汽车营销策划的特征

成功的汽车营销策划一般具有创新思维意识、系统性、操作性等方面的特征。

1. 营销策划需具备创新思维意识

营销策划是对未来营销活动进行策划和安排的一种超前行为，是在营销预测的基础上进行的一种判断，凭借现实世界的各种资料，进行抽象思维，通过一定的逻辑和创意，形成对未来的预测。为了更好地完成营销策划，营销人员要通过一定的方式将判断诉诸行为，形成可操作性的计划方案，这就需要策划者具有一定的创新思维意识，照抄照搬是没有创意的，优秀的营销策划创意来源于现实，来源于对现实大量信息的占有、分析和提炼，使创意一闪而现的火花在安排和计划中发出耀眼的光。

2. 营销策划是复杂的市场营销系统性工程设计

营销策划是一项系统性工程，是一项非常复杂的智力操作工程，它运用汽车市场营销过程中所有的资源，构造出一个新的营销系统工程，并对这个系统中的各个方面进行轻、重、缓、急的排列组合，系统地形成目标、手段、策略和行动高度统一的逻辑思维过程和行动方案。为了完成这个任务，它要求策划人员一方面必须具备丰富的实践经验，对要策划的对象在每一个细节上都非常清晰；另一方面也要求策划人员必须对策划方案进行反复的推敲，才能确保整个策划方案的明确具体和切实可行。

对营销策划者来说，想要完成一项优秀的营销策划方案，就必须具有广博的知识储备，对策划和营销知识有深刻的了解和领悟，并能够把这些知识灵活地运用到策划活动中；同时，还要能够把大量的当前知识和直接经验运用到营销策划中，并对庞杂的信息进行处理。

3. 营销策划是具有可操作性的实践活动

营销策划是实践性非常强的一种经济活动，即营销策划的方案和结果是可控的和可预见的。营销策划者要在创新思维的指导下，为企业的市场营销拟定具有现实可操作性的营销策划方案，根据市场形势的发展和企业目标的变化对策划方案进行适度的调整，以确保策划方案的高度适应性。营销策划不仅要提出开拓市场的思路，更重要的是要在创新思维的基础上制定市场营销行动方案。

二、汽车营销策划的程序

市场营销策划是一个科学的运作过程，是将科学构想与创新技术融入汽车营销活动的每一个环节的活动过程，为了保证策划方案的合理性和高成功率，策划必须程序化。策划的程序性保证把各方面的活动有机地结合起来，使各个子系统相互协调，形成一个合理的整体策划方案。这种整体的系统性可以使人们确定理想的工作程序和节奏，掌握轻重缓急，做到井然有序，提高工作效率，创造最佳效益。一般来说，企业市场营销策划流程包括以下7个基本步骤，如图4-1-1所示。

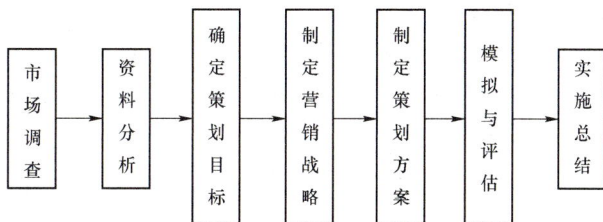

图4-1-1 营销策划流程

4-1-3 汽车促销活动的策划方法课件

4-1-4 汽车促销活动的策划方法微课视频1

4-1-5 汽车促销活动的策划方法微课视频2

4-1-6 汽车促销活动的策划方法微课视频3

（一）市场调查

市场调查的目的在于了解企业的营销环境，广泛搜集有关的信息资料，为企业的营销策划提供真实可取的信息，与营销策划活动有关的市场调查包括对市场形势、产品情况、竞争形势、分销情况、宏观环境等的调查。

（二）资料分析

对前面通过调查所收集到的所有基础数据进行分析、总结，并且提供确实、有效而且规范的文本和图表资料，从繁杂的数据中归纳出问题，理出头绪，把握企业所处营销环境的真实状况。资料分析一般包括以下两方面的内容：

1. 营销环境的分析与评价

策划是针对特定的需要与现实条件进行谋划，为了使策划更有针对性和合理可行，策划者必须尽可能多地掌握各种背景材料和现实情况，全面了解形成客观实际的各种因素，包括有利的与不利的信息，并全面分析研究材料，寻找出问题的实质和主要矛盾，再进行策划。

环境分析是对营销方案产生的背景条件及影响因素进行分析，主要包括两大部分的内容：历史的演变过程与现状分析。要对影响到营销行为的各种环境因素做较全面的分析与评估，营销环境的分析与评价是为制定有效的营销策划方案做准备，因此是营销策划的基础。

2. SWOT 分析

一个好的营销策划必须对市场、竞争对手、行业动态有一个较为客观的了解，SWOT分析方法就是常用的市场分析方法。

SWOT 分析就是对企业的机会与威胁、优势与劣势分析的简称，主要是详细列出企业的机会与威胁、优势与劣势，从市场上找到该产品可能受到的冲击，寻找市场上的机会，同时，发现企业的弱项和强项，尽可能充分发挥其优势，改进或弱化其不足。只有这样，才能在设计营销策划方案时，做到有的放矢，扬长避短，从而建立起企业的竞争优势。

（三）确定策划目标

策划一定要围绕既定的目标或方针进行，努力把各项工作从无序转化为有序。企业要将自己的产品或品牌打出去，必须有自己得力的措施，制定切实可行的计划和目标，这个目标包括两个方面：

1. 企业整体目标

企业整体目标是指企业作为一个利益共同体的目标，它往往具体化为若干具体目标组成的目标体系。

2. 营销目标

营销目标是指通过营销策划的实施，希望达到的销售收入及预期的利润率和产品在市场上的占有率等。

（四）制定营销战略

制定营销战略是营销策划的关键阶段，它决定了营销策划的成功与否、质量高低。策划者必须经过从构思、分解、归纳、判断，一直到拟定战略、方案的过程，根据策划目标来设计、选择能产生最佳效果的资源配置与行动方案。营销战略主要有以下两方面的内容：

1. 目标市场战略

目标市场战略是指采用什么样的方法、手段占领自己选定的目标市场，也就是说企业将采用何种方式去接近消费者以及确定营销领域。

2. 营销组合策略

营销组合策略是指企业对产品进行准确的定位，找出其卖点，并确定产品的价格、分销和促销政策。现代市场营销组合策略比较常见的是 4P＋4C。4P，即产品（Product）、价格（Price）、渠道（Place）、促销（Promotion）；4C，即客户（Customer）、成本（Cost）、方便（Convenience）、沟通（Communication）。

4-1-7 4P营销理论课件

4-1-8 4P营销理论微课视频

（五）制定策划方案

企业的营销策划方案就是指将最终成果整理成书面材料，即营销策划书，也叫企划案。它是表现和传送营销策划内容的载体，一方面，它是营销策划活动的主要成果；另一方面，它也是企业进行营销活动的行动计划。这一步骤，相当于系统分析中的可行方案和建立模型两步。经过创意，一般可形成多种概要性方案的框架，在此基础上制作方案，并编写策划书的概要和重点。

营销策划书中包括以下项目：

（1）方案名称；

（2）单位人员；

（3）策划目标；

（4）策划内容；

（5）成本预算；

（6）参考资料；

（7）注意事项等。

除了制定策划方案外，还要对它进行演技设计。策划就像是一场富有戏剧性的演出，而一个好的剧本（策划案），如果演员演技水平低、舞台设计不当，也会影响演出效果。演技设计主要应考虑背景环境、道具选择、演员选择和后备方案四个方面。只有在想象中或在模型中预演后，才能做到心中有数，策划的初期也告一段落。

（六）模拟与评估

模拟与评估可以预测营销策划方案实施的过程、进度及实施后的效果，评估的项目如下：

1. 预算

预算准确吗？太多还是太少？原因何在？

2. 速度

整个策划是否按照预定的进度完成？提前还是延后？

3. 成果

实际的成果与预测相符吗？是否达到策划的目标？

4. 协调

各部门间协调良好吗？是否有互相抵触或排斥的情形呢？

5. 情报

情报判断准确吗？

6. 因素

倘若创意成功了，成功的关键何在？倘若创意失败了，为什么会失败？

（七）实施总结

实施总结是营销策划的最后一个阶段，它指的是营销策划方案在一个计划时间内结束后，要根据结果对营销策划进行评估，鉴定营销目标是否达到，是否有差距存在。如果有差距存在，则要找出原因，以便对下一个计划时间内的营销策划进行调整。但是，严格地说，一个具体的策划，内容与形式都可能很复杂，不会严格按照以上几个程序进行，程序只是人为总结出来的基本框架，而在实际的操作过程中，要灵活运用。例如，企业营销策划的具体业务可分为：技术开发、产品生产、财务投资、人才培养、市场调研与营销、公关广告、新闻策划、名牌战略、企业形象识别、CI 战略、企业发展等各个方面，要考虑的方面是多种多样、彼此联系的。

三、汽车营销策划的原则

"运筹于帷幄之中，决胜于千里之外。"汽车企业在决策的过程中，不管提出什么样的营销方案，都必须科学地运用策划方法，遵循汽车营销策划的原则。

（一）创新出奇原则

创新出奇是人类赖以生存和发展的主要手段，没有创新，就没有人类社会的发展进步。

创新出奇可谓营销策划的第一大原则，出奇方能制胜，在你死我活的商战中，没有新意的营销策划只会使企业销声匿迹，而不会带来巨大成功，只有独辟蹊径、创新出奇，才能取得成功。

另外，创新出奇的营销策划方案必须有可操作性，否则只是一种妄想罢了。曾经有一家公司出奇招准备在珠穆朗玛峰上立一块广告牌，它认为这可是世界上最高的广告牌，必然引起轰动效应，取得出乎意料的宣传效果。可万事俱备的时候问题出来了：这样的广告牌如何立上珠峰呢？无奈，公司只能放弃这一不切实际的策划。

例如：

日本精工表为开拓澳大利亚市场，曾经策划出一个成功的营销案例。为了印证精工表价廉并且质优、物美，日本精工集团雇了一架飞机，在万米高空中将精工表抛撒给澳洲消费者，抢到表的人一看，精工表仍行走正常。这样，这一消息被媒体宣传后，精工表一举轰开澳大利亚市场。这一营销创意新奇、大胆，有过人之举。

（二）时效原则

所谓时效，指的是时机和效果及两者间的关系。在策划中，决策方案的价值将随着时间的推移和条件的改变而变化。时效原则要求在策划过程中把握好时机，重视整体效果，尤其是处理好时机和效果的关系。

例如：蒙牛在自身的不懈努力下于 2003 年年初成为中国航天首家合作伙伴，抓住我国第一次载人航天飞船成功发射这个难得的机会，使自身的品牌知名度和美誉度大幅提升，并由此树立起一个具有民族内涵的大品牌形象，同时使产品销量一路奋进。

（三）切实可行原则

营销策划是企业在市场调研基础上通过科学分析，为实现企业战略目标而制定的一种整体谋划和策略，它在实际工作中必须具有可操作性。

（1）可操作性原则首先是指营销策划方案必须能够操作实施；

（2）其次是指营销策划方案必须易于操作。

例如：

2003 年，由于价格低、渠道渗透力强、市场反应快，中国本土手机品牌上演了翻天大戏。使得诺基亚和其他国外品牌原来采用的总代理制渠道运作方式已经不适应当时的市场。诺基亚为了弥补各种原有渠道策略的不足，对渠道进行了中国特色的大幅度改革，掌握了中国渠道运作的特点，采取了切实可行的营销策略，全面超越老牌竞争对手摩托罗拉及其他对手。只可惜，诺基亚没有一直保持这种应变机制，逐渐退出了市场。

（四）信息原则

营销策划是对信息的充分利用，缺乏信息的营销策划是危险的策划，信息是营销策划的基础。

当今世界已进入信息时代。对信息的收集、处理和管理水平已成为各国政治、经济、军事、文化竞争中克敌制胜的法宝。作为以信息为操作中心的营销策划，营销策划更离不开信息的指导作用。

例如：

在美国人即将实施阿波罗登月计划时，瑞士欧米茄手表公司打听到三位宇航员中有一位戴的是欧米茄手表。公司立即派人去美国商谈赞助，经过努力后，美国宇航署同意欧米茄为太空人手表，让另外两位宇航员也戴上欧米茄手表。

这则案例的成功之处就在于企划人员充分挖掘和运用信息，抓住千载难逢的机会，既达到了策划目标，又实现了宣传企业形象的目的。

（五）利益主导原则

市场营销策划必须以最小的投入使企业获取最大的收益，因为归根结底，企业制定营销策划方案的直接目的就是要取得经济效益，否则就有违企业制定营销策划的初衷，任何企业都不愿意赔本赚吆喝。

（1）营销策划方案中必须有详尽的预算。有预算，才能使资金的投入最少化，效果达到最优化，换言之，投入营销活动的每个铜板都听到了响声，都发挥了它的最大功能，营销投入才是最经济的。

（2）经济性原则要求节约，即减少不必要的开支，而不是降低必要的开支。必要开支不足会严重影响营销效果，这恰恰是一种浪费。

（3）经济性原则要求市场营销策划必须产生预期的经济效益，达到企业要求的发展目标。

例如：

西铁城一扔成名，茅台酒一摔成名，富亚一喝成名等。

（六）灵活机动原则

所谓灵活机动，就是随机应变。它是指在策划过程中及时准确地掌握策划的目标、对象及其环境变化的信息，以及以发展的调研预测为依据，调整策划目标并修正策划方案。

古人讲："时移则事易，势异则情变，情变则法不同。"灵活机动原则是完善策划的重要保证，它的要求如下：

（1）强动态意识和随机应变的能力。

（2）掌握目标对象变化的信息。

（3）预测目标对象的变化，掌握随机应变的主动性。

（4）依据变化了的情况适时地调整策划目标，修正策划方案。

（5）要正确把握随机应变的限度。

例如：

立普顿在竞争对手的控告下，不是立即退缩，而是审时度势，成功地利用法律，以退为进，不仅平息了法律纠纷，而且利用法律做了进一步宣传。

（七）整体规划原则

整体规划原则要求策划者要有全局观念，这就要求部分服从全局，以全局带动局部，这一原则还要求策划者具有长期性和层次性的观念。所谓长期性，是指策划的着眼点不是当前，而是未来，要以长远的眼光来看待策划。所谓层次性，是指策划的全局范围是有大小之分的。任何一个系统都可以被看作是一个全局。而系统是有层次的，有大系统、小系统，有母系统、子系统，对于不同层次的系统，要有不同层次的策划。

（八）慎重筹谋原则

慎重筹谋原则是指凡事都需要慎重用策，用策必求制胜。同时，以策制胜，慎之又慎。这就要求我们把握住主要矛盾，把握住决定事物性质发展的关节点。

四、汽车营销策划书的撰写

4-1-9　营销策划书的撰写与实施课件　　　　4-1-10　营销策划书的撰写与实施微课视频

营销策划书是营销策划方案的书面表达形式，是未来企业营销操作的全部依据，没有一成不变的格式，它依据产品或营销活动的不同要求，策划的内容与编制格式也会有所变化。

下面重点谈一下如何设计营销策划书的各部分内容及营销策划书的编制要求，规范的营销策划书应包括以下几部分内容：

（一）封面

给一份营销策划书配上一个美观的封面是绝对不能忽略的，封面的设计原则是醒目、整洁，切忌花哨，至于字体、字号、颜色，则应根据视觉效果具体制定，策划书的封面可提供以下信息：

1. 策划书的名称

策划书的名称要准确而不累赘，使人一看就能明白，有时候也可以加一个副标题或小标题来突出策划的主题或者表现策划的目的。例如，××汽车小型车展活动策划方案。

2. 策划机构或策划人的名称

策划者是企业的话，则列出企业全称。例如，策划单位：××公司；策划人；王××。

3. 标明日期

一般在封面的最下部要标明日期，日期应以正式提交日为准，要用完整的年月日表示，例如，2017 年 01 月 01 日。

（二）前言

前言是对策划方案的高度概括，让人一目了然，其作用在于引起阅读者的注意和兴趣，让阅读者看了前言能产生急于看正文的强烈欲望。

前言的文字不能过长，一般不要超过一页，字数可以控制在 1 000 字以内。其内容可以集中在以下几个方面：

1. 接受委托的情况

可以简单提一下接受营销策划委托的情况。如：×××公司接受××××公司的委托，就××汽车的广告宣传计划进行具体策划。

2. 本次策划的重要性与必要性

重点叙述为什么要做这样一个策划，即把此策划的重要性和必要性表达清楚，这样就能吸引读者进一步去阅读正文。如果这个目的达到了，那么前言的作用也就被充分发挥出来了。

3. 策划的概况

最后可以针对策划的情况，即策划的过程及策划实施后要达到的目的进行简要的说明，这样一个明了的前言也就基本完成了。

（三）目录

目录的作用是使营销策划书的结构一目了然，和其他书籍的目录一样，它涵盖了全方案的主体内容和要点，同时也使阅读者能方便地查寻营销策划书的内容，读过后应能使人对策划的全貌、策划人的思路、策划方案的整体结构有一个大体的了解。

（四）概要

为了使阅读者对营销策划的目的、意义、创意形成的过程，相关策划的思路、内容等有一个非常清晰的概念，同时还能够正确理解策划者的意图与观点，作为总结性的概要是必不可少的。概要的撰写同样要求简明扼要，篇幅控制在一页纸以内。

（五）正文

策划书的正文主要包括以下内容：

1. 环境分析

环境分析是营销策划的依据与基础，知己知彼，方能百战不殆，所有营销策划都是以环境分析为出发点的，环境分析的内容包括宏观环境分析和微观环境分析等。

为了增强阅读者的阅读兴趣，环境分析需列举的数据和事实要有条理，分析要符合客观实际，不能有太多的主观臆断，要抓住重点，分析清楚。因为在具体做环境分析时，需要收集大量的资料，但放到策划书中的资料却只有一小部分，否则会降低阅读者的阅读兴趣。

2. 机会与威胁、优势与劣势（SWOT）分析

汽车营销策划书是对汽车市场机会的把握和策略的运用，要从上面的环境分析中归纳出企业的机会与威胁、优势与劣势，从威胁中找劣势予以克服，从优势中找机会，发掘其市场潜力。一般情况下，通过外部环境的分析能够把握住企业的机会与威胁，而通过内部环境的分析能够把握住企业的优势与劣势。在找到了企业的机会与威胁、优势与劣势之后，通过预测市场运动的轨迹，基本上能够找到企业的问题所在。

3. 营销目标

营销目标是指汽车企业所要实现的具体目标，其主体内容（如市场占有率、总销售量、销售增长率、分销网点数及利润目标等）都要具体明确。

4. 营销战略

在策划中要表述汽车企业所要实行的具体战略，比较常见的就是STP营销战略，其S、T、P三个字母分别是Segmenting、Targeting、Positioning三个英文单词的缩写，即市场细分、目标市场和市场定位的意思，通过市场细分选择目标客户，进而以此为根据确定目标市场，最后进行市场定位，STP营销战略是现代市场营销战略的核心。

5. 营销策略

确定营销战略后，就必须着手准备具体的营销策略，主要包括营销理念、品牌理念和营销组合三方面的内容，特别是对于营销组合来说，通过对市场机会与问题的分析，提出合理的策略建议，形成有效的4P组合，达到最佳效果。

6. 具体行动方案

对策划的实施操作步骤、程序都应做成计划，在具体行动方案中要详细说明策划的实施程序、实施内容、计划表（时间、人员、费用、操作等）和时间表（从准备执行到成果的综合整理）等。

7. 各项费用预算

主要是指整个营销策划方案推进过程中的费用投入，这是策划方案中必不可少的部分，它包括营销过程中的总费用、阶段费用和项目费用等，预算费用应尽可能准确、详尽周密和细化，以较少的投入，获得较优的效果。

8. 方案调整

方案调整是策划方案的补充部分，与现实情况不相适应的地方有可能在方案执行中出现，因此策划方案必须随时根据市场的反馈及时进行调整。

汽车营销策划书的正文一般由以上内容构成，企业产品不同，营销目标不同，则所侧重的各项内容在编制上也可有详略取舍。

（六）结束语

结束语与文章的开头一样重要，主要是起到与前言的呼应作用，使策划书有一个圆满的结束，而不致使人感到太突然。

（七）附录

附录的作用在于提供策划客观性的证明，是策划方案的附件，凡是有助于阅读者对策划内容的理解和信任的资料都可以考虑列入附录。原始资料的提供是附录的另一种形式，如消费者问卷的样本、座谈会原始照片和权威数据资料等。原始资料一定要注明出处、时间等，以便于阅读者判断其真实性和权威性。附录也要标明顺序、以便查找。

任务实施

要全面理解汽车营销策划书的撰写所涉及的基础知识，并很好地解决本项目任务中所描述的小王遇到的情况，按工作流程来实施任务，通过完成任务来进一步学习，掌握达到项目目标所需的知识与技能。建议采取如下方式开展学习和训练：

一、在线学习

登录"汽车营销与服务专业教学资源库"，选定《汽车营销技术》课程中汽车营销策划书的撰写微课程，观看微课教学视频，并完成相应的进阶训练，在微课学习中如有疑问，可在线提问，与教师互动交流。

二、手册学习

认真学习《〈汽车营销技术〉学生学习手册》，进一步掌握汽车营销策划书撰写的知识和技能，完成"难点化解"题目。

三、模拟训练

假定你与学习小组成员商讨汽车营销策划书的撰写工作，并采用角色扮演法在课堂上展示你所撰写的策划书，让老师和其他同学给予帮助和指导。

拓展提升

一、拓展任务

小李大学毕业后来到××汽车销售服务公司应聘市场部顾问。市场部主考人员提出的面试问题是让小李谈谈汽车营销策划书撰写的基本内容与基本流程。如果你是小李，你将如何来回答呢？

1. 请试想小李如何言简意赅地阐述汽车营销策划书撰写的基本内容与基本流程？

2. 小组课后运用角色扮演法模拟训练该场景，并拍摄微视频上传至资源库平台（或空间）。

二、拓展训练

1. 简述汽车营销策划书撰写的基本流程？

2. 查找资料，选择一款即将下线的车型作为策划对象，撰写汽车营销策划书，策划书的内容应尽量翔实，不少于 15 000 字。

拓展学习

在线测试

成果提交

三、案例分析

营销策划基础
案例 1

营销策划基础
案例 2

营销策划书的
撰写与实施
案例 1

营销策划书的
撰写与实施
案例 2

营销策划书的
撰写与实施
案例 3

4P 营销理论案例 1

4P 营销理论案例 2.

汽车促销活动的策划
方法案例 1

汽车促销活动的策划
方法案例 2

汽车促销活动的策划
方法案例 3

四、训练习题

营销策划基础
训练习题

营销策划书的撰写与实施
训练习题

4P 营销理论训练习题

汽车促销活动的策划方法训练习题

任务 4-2　汽车营销策划案的实施

任务引入

小王的汽车营销策划方案（以下简称策划方案或策划案）已经得到了市场部赵经理的认可，公司决定对小王的新速腾营销策划方案进行实施，并指定小王为此项目的负责人。小王非常高兴自己的策划方案能得到经理和公司领导的重视。可是要把项目做好，自己该准备些什么呢？一步一步该如何去做呢？策划案在实施的过程中又该注意哪些事项呢？自己又该如何对策划效果进行评价呢？

任务描述

在完成策划方案后，应学会实施自己制定的营销策划方案，针对所在地区汽车市场的营销环境现状，组织实施小型车展活动，基于以上任务，要求做到以下几点：

1. 了解汽车营销策划方案实施过程中的注意事项；
2. 掌握汽车营销策划方案实施的关键点；
3. 能与团队成员合作实施汽车营销策划方案；
4. 能对汽车营销策划方案实施的效果进行测评。

任务目标

1. 专业能力
（1）能够了解汽车营销策划方案实施的关键点；
（2）能够了解汽车营销策划方案实施的注意事项；
（3）能够对汽车营销策划方案实施的效果进行测评。
2. 社会能力
（1）能树立进取意识、效率意识、规范意识；
（2）能强化人际沟通能力和客户关系维护能力；

（3）具有维护组织目标实现的大局意识和团队能力；

（4）具有爱岗敬业的职业道德和严谨务实勤快的工作作风；

（5）具有自我管理、自我修正的能力。

3. 方法能力

（1）具有利用多种信息化平台进行自主学习的能力；

（2）具有制订工作计划、独立决策和实施的能力；

（3）具有运用多方资源解决实际问题的能力；

（4）具有准确的自我评价能力和接受他人评价的能力；

（5）具有自主学习与独立思考的能力。

相关知识

一、汽车营销策划方案实施的注意事项

汽车企业制定汽车营销策划方案的目的在于实施，实施是将计划转变为具体行动的过程，没有成功实施的策划案只是一堆废纸。汽车营销策划方案的实施有总体战略计划的实施，有职能部门计划的实施，也有单项产品或市场开发计划的实施，而且实施者可以在实施过程中说服更多的人去理解和支持营销策划活动，将方案付诸现实，使其转变为有效的成果。因此，汽车营销策划方案的实施是营销策划的重要组成部分，实施汽车营销策划方案涉及由什么人实施、在什么地方实施、什么时候实施、怎么实施等问题，是企业营销策划成功不可忽视的关键环节。

（一）汽车营销策划方案实施前的准备工作

4-2-1 营销策划准备课件

4-2-2 营销策划准备微课视频

1. 营造实施前和实施过程中的氛围

在营销策划方案实施前和实施的过程中，为了提升企业的形象，扩大企业在社会上的影响力，改善公共关系，企业要注意对外宣传造势。比如，为了更加突出企业产品的市场定位情况，可以进行价格的宣传造势；为了提升企业的品牌力，可以进行产品品牌的宣传造势等。宣传造势有很多种形式，比如可以通过宣传手册、多媒体、广告等来宣传造势。

2. 企业渗透

企业渗透是指在汽车营销策划方案实施之前和实施过程中，通过各种方式使企业全体员工了解策划方案，理解策划活动的必要性，从而支持并认真执行汽车营销策划方案的过程。企业渗透可以通过以下方法进行：印发内部刊物、举行报告会、进行培训、召开座谈会、填写调查表、进行非正式沟通等。

3. 办理手续

在营销策划方案活动确定以后，活动的开展要合法合理，因此企业还应该得到有关单位的审批。例如，某地一单位曾做过一个敬老活动策划，是整个营销策划方案的一个亮点，当时虽然该地还没有规定在城市放烟花要经过审批，但在公众场所进行活动必须经过审批，这个单位是一个局级单位，他们认为有权在自己的场地上做敬老活动，就没有向有关单位报批，活动办得很热闹，有文艺节目演出，有很多赞助单位给老人送礼品，最后放烟花，但烟花一放，遭到了公安机关的追究，为什么？因为他们在飞机航线上放烟花，没有办审批手续，也缺乏民航管理规范知识，无论如何都是违法的。

（二）实施中可能出现的问题及原因

在实际工作中，汽车企业在实施营销策划方案时经常会出现一些问题，即使正确的营销策划方案也不意味着肯定能带来出色的业绩，主要由于以下几种原因：

1. 营销计划脱离实际

营销计划制订的基础是汽车市场营销的实际情况，如果脱离对自身情况的准确把握，缺乏对竞争对手的全面了解，缺乏对营销目标的准确判断与定位，那么所做的策划只能是空中楼阁，不切实际，所制订的行动计划不仅不能指导具体的汽车营销实践，还有可能造成企业巨额投入得不到应有的回报。

2. 长期目标和短期目标相矛盾

营销策划通常着眼于企业的长期目标，但具体实施这些方案的营销人员通常是根据他们的短期工作绩效来评估和奖励的。因此，营销人员常选择短期行为。

3. 因循守旧的惰性

要想实施与旧方案截然不同的新方案，常常需要打破企业原有的运作模式，因此实施新方案必然会遇到阻力。

4. 缺乏具体明确的实施方案

实践证明，汽车营销之所以面临困局，就是因为缺乏一个明确而具体的策划方案。只有制定详尽的策划方案，规定和协调与营销相关的各部门活动，编制详细周密的项目时间表，明确相关人员的责任，该汽车营销策划方案的实施才有保障。

二、汽车营销策划方案实施的过程

汽车营销策划方案实施的过程如下：

（一）制定行动方案

行动方案应明确营销策划方案实施的关键性决策和任务，并将执行这些决策和任务的责任落实到个人或小组。

（二）建立组织机构

首先要有明确的分工，将全部工作分解成便于管理的几个部分，并将它们分配给各有关部门和人员；其次要发挥协调作用，通过组织联系和信息沟通网络协调各部门和人员的行动。

（三）设计报酬制度

为完成实施前制定的汽车营销目标，还必须设计相应的决策和报酬制度，因为这些制度关系到营销策划方案实施的成败。

（四）开发人力资源

策划方案最终是由企业内部的相关工作人员来实施的，所以人力资源开发至关重要，要做好人员的考核、选拔、安置、培训和激励等工作。

（五）建设企业文化

企业文化指一个企业内部全体人员共同持有和遵循的价值标准、基本信念和行为准则。企业文化对企业的经营思想和领导风格，以及职工的工作态度和作风均起着决定性的作用。

（六）相互协调配合

实施营销策划方案要求各要素间协调配合，为了有效地实施营销策划方案，企业的行动方案、组织机构、报酬制度、人力资源、企业文化这五大要素必须协调一致，相互配合。

三、汽车营销策划方案实施效果的测评

方案实施后，其效果如何，要用特定的标准、方法及报告来检测和评价，主要包括以下几个方面的内容：

（一）实施效果测评的形式

策划方案实施的效果测评，可分阶段性测评和总结性测评。阶段性测评主要是指在营销策划方案实施过程中进行的阶段测评，其目的是了解前一阶段方案实施的效果如何，并可以为下一阶段实施营销策划方案提供指导及经验教训等。总结性测评主要是指在策划方案实施的最后阶段所进行的总结测评，其目的是要了解和掌握整个营销策划方案的实施效果，为以后的方案设计提供依据。

（二）实施效果测评的方法和内容

因为营销策划的目的有经济目的和非经济目的之分，所以对于非经济目的实施效果的测评，如社会效果、政治效果、文化效果、法律效果等，可以用定性的方法来进行测评，而对经济目的实施效果的测评主要采用定量的方法，选择可用的指标来进行测评。

1. 市场占有率

市场占有率，又被称为市场份额，是指某一品牌产品某一时期在某地区的市场占有率，是指该品牌在该时期内的实际销售（量或额）占整个行业的实际销售（量或额）百分比。市场占有率既是测评企业经营态势和竞争能力的重要指标，也是测评市场营销方案实施效

果的重要指标。

2. 汽车品牌及企业形象

汽车品牌及企业形象是反映企业在市场中的地位的重要指标，也是作为测评营销策划方案实施效果的一个重要指标。在今天的市场环境中，人们除了重视商品的实际功能外，还注重商品的软价值，如所获得的良好感、优越感、幸福感、超价值的服务等。所以在营销策划中，要把提升品牌及企业形象作为策划的重要内容。

在测评时，汽车品牌及企业形象是否得到提升以及提升的程度如何已成为常用指标。在具体测评过程中，可以根据实际情况对品牌及企业的知名度、美誉度、反应度、注意度、认知度、传播度、忠诚度及追随度等进行测评。

3. 成本指标

在营销策划方案实施进程中，成本指标也是测评的一个重要指标。这里所讲的成本指标，是指在策划活动进程中对各项成本的控制，如付给相关工作人员的报酬，调查、公关活动等专案费用。如果成本能控制恰当，那么表明此营销策划方案实施的效果是较理想的。

（三）实施效果测评报告

实施效果测评报告的主要内容与具体结构如下：

1. 扉页

包括题目、执行该项目研究的机构名称、日期、负责人的姓名、所属机构、完稿日期等。

2. 目录或索引

索引也可以理解为一种特殊的目录。

3. 引言

包括测评背景和测评目的。

4. 摘要

阅读测评报告的人只知道测评所得的主要结果、主要结论，以及他们如何根据测评结果行事。因此，摘要也许是客户唯一阅读的部分。这部分应当用清楚、简洁而概括的手法说明测评的主要结果。

5. 正文

包括测评的全部事实，从测评方法的确定，直到结论形式及其论证等一系列步骤都要包括进去，之所以要如此，其原因如下：

（1）让阅读报告的人了解所得测评结果是否客观、科学、准确、可信；

（2）让阅读报告的人从测评结果中得出他们自己的结论，而不受策划人员作解释的影响。

6. 结构

测评方法：测评地区、对象，样本容量、结构，资料采集方法；

测评结果：包括说明、推论和讨论三个层次，以及结论、建议和附录。

四、汽车营销策划方案的控制

在营销策划方案实施的过程中，由于汽车企业处在动态的营销环境中，同时还有种种不确定性因素的干扰，任何完美无缺的营销策划方案在实施过程中都有可能因环境的变化而失去或降低其效力，使得方案的实施常常偏离预先设定的计划轨道，同时，执行人员对计划或方案的理解有误和其能力不足也有可能使既定的目标无法完成。因此，为了保证策划项目成功和各项目标的实现，在营销策划方案的实施过程中有必要采取必要的、有针对性的措施加以纠正，此过程即为策划方案的控制过程。

营销策划方案付诸实施后，我们必须了解方案的实施效果如何、方案所确定的目标能否顺利实现、策划目标本身制定得是否合理，要掌握这些情况并处理出现的问题，就需要开展有效的控制工作。

（一）汽车市场营销控制

营销控制（以下简称控制）是指通过测量和评价营销策略及计划实施的情况，就营销方案的实施活动是否符合预定的营销目标进行测定，并提出改进措施和建议，最终促进营销目标有效实现的过程。从狭义的角度来看，控制工作是纠偏，即按照策划方案标准衡量策划方案的完成情况，针对出现的偏差情况采取纠正措施，以确保营销目标得到最终实现。广义的控制并不仅限于纠偏，它同时包含着必要时修改策划方案，甚至启动备用方案，以使策划方案更加符合实际情况。营销控制是汽车企业在营销活动中必须进行的一项重要工作，许多企业因缺乏营销控制而导致营销目标无法完成，从而使前期的市场调查、营销策划等大量工作丧失作用。随着汽车市场环境的动态变化和市场竞争的加剧，营销控制显得越来越重要。现实中，营销活动是一个连续的过程，上一阶段的控制就可能导致确立新的营销目标，提出新的策划方案。因此，营销控制也可以理解为下一个工作的起点。

成功的汽车企业往往把营销控制制度化，通过建立营销控制制度来加强营销管理。在营销控制管理中需明确的主要问题是控制什么、谁来控制、如何控制。

1. 控制什么

一般来说，营销控制可能涉及营销的很多方面，比如对人员、计划、费用（成本）、职能的控制等，这是最根本的营销控制。

1）人员控制

人员控制是指对营销人员及其绩效的控制，尤其是对市场推广人员绩效的控制。

2）计划控制

计划控制是指对各项营销计划按进度进行的情况进行控制，包括年度营销计划、新产品开发计划、广告计划、促销计划、人员推销计划等。

3）费用控制

费用控制是指根据各项营销支出预算或对人员、活动、渠道等进行费用分析及获利性分析来实行控制。

4）职能控制

职能控制是指对各项营销职能进行控制，如市场调查、广告、促销、分销、仓储、运输等。

有时汽车企业需要对整体市场营销业务进行总的效果评价，会涉及营销的各个方面，如营销环境、营销观念、营销目标、营销策略、营销组织、营销程序、营销人员等，这是最根本的营销控制，通常采用营销审计的方法来进行。

2. 谁来控制

在明确控制对象的前提下，控制人员必须能够发现实际情况与标准（目标）间的偏差，并有能力采取措施来纠正实际结果与标准间的偏差。因此，中高层营销管理人员应是营销控制的主要执行人。有些汽车企业为了加强营销控制的力量，还设立了专门的营销控制员或营销控制机构。

在进行涉及企业全局的营销审计时，通常要聘请企业外部专业人员或机构参与。这是因为他们有丰富的经验和充足的时间，更重要的是，在这种关于企业方向性、长期性、决定性的检查中，如果单纯依靠企业营销管理人员，可能会由于"身在庐山"或出于人事关系、利益等方面的考虑，他们对与上级领导相左或相反的意见有意回避，造成营销审计形式化，难以发现营销中致命的弱点或隐患。外部机构则旁观者清，能畅所欲言。当然，审计结果必须让营销管理人员信服、同意，并愿为之采取行动。因为单纯找出问题和原因并不是控制的最终目的，必须采取相应的对策才能使控制最终生效。

3. 如何控制

对汽车营销方案的控制按其进行的顺序可分为预先控制、现场控制和反馈控制。例如，挑选营销人员就是一种典型的预先控制。营销管理人员要求市场推广人员访问客户、直接参与各项营销活动的实施则是现场控制。大多数营销控制需通过反馈的信息或数据来进行获利性分析、效率测量和绩效分析等，这便是反馈控制。营销管理人员在进行营销控制时，要合理使用各种控制方式。

（二）汽车市场营销控制的目标

营销控制工作主要有以下两个目标：

1. 限制偏差积累

一般来说，市场营销策划方案在实施过程中不免要出现一些偏差。小的偏差和失误不会立即给组织带来严重的损害，但随着积少成多，最终就可能对策划目标的实现构成威胁，有效的营销控制系统应当能够及时地获取偏差信息，及时地采取措施矫正偏差，以防止偏差积累而影响到策划目标的顺利实现。

2. 适应营销环境的变化

营销策划方案及其目标在制定出来后总要经过一段时间的实施才能够实现，在这个过程中，企业的外部环境和内部条件都可能发生变化，这些变化不仅会妨碍策划方案的实施进程，甚至可能导致策划的前提条件发生改变，从而影响到策划方案本身的科学性和现实性，因此，在营销策划实施过程中，执行人员必须时刻监测和把握营销环境的变化，并对这些变化带来的机会和威胁作出正确、有力的反应。

营销策划方案实施控制无论是着眼于纠正执行中的偏差，还是适应营销环境的变化，都是紧紧围绕策划目标进行的，具有很强的目的性。

（三）汽车营销控制的程序

汽车营销控制应按照一定的步骤进行，通常包括 6 个环节，如图 4-2-1 所示。

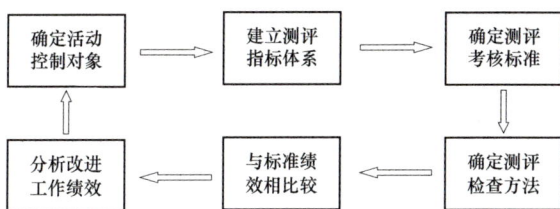

图 4-2-1　营销策划控制程序

1. 确定活动控制对象

确定市场营销活动控制的内容、范围和额度时，汽车企业应注意使控制成本小于控制活动所带来的利益。最常见的控制内容是销售收入、销售成本和销售利润，同时对市场调查、推销员工作、消费者服务、广告等营销活动也应通过控制加以测评。

2. 建立测评指标体系

建立测评指标体系是将控制与计划联结起来的主要环节，汽车企业应根据营销策略制订系统的测评体系。

3. 确定测评考核标准

考核标准指以某种衡量尺度来表示控制对象的预期活动范围或可接受的活动范围，即对衡量尺度加以量化。在很多情况下，汽车企业的营销目标就决定了它的考核标准，如目标销售收入、利润率、市场占有率、销售增长率等。由于大多数企业都有若干个管理目标，造成在多数情况下营销控制的考核标准也较多。

4. 确定测评检查方法

1）营销人员的选配

选配营销人员是营销控制的一部分，它是一种预先控制。新营销人员的挑选可根据职位要求，对应聘人员从姿容仪态、语言表达、分析判断、策划、计划、应变、人际协调、情绪稳定性等方面进行综合测评。如在原有营销人员中选拔，可以根据其以往业绩、能力、新职位要求等来决定。

2）策划方案的控制

（1）年度计划控制。

汽车营销策划方案的实施计划是方案的重要组成部分。年度计划控制的目的在于保证企业实现它在年度计划中所制定的销量、利润以及其他目标，是一种短期的即时控制。年度计划控制的中心是目标管理，包括建立每月或每季度的目标；随时跟踪掌握市场上的执行情况；当营销实际业绩与计划发生偏差时，找出原因并作出判断；采取措施，弥合目标与实际业绩之间的缺口。这一控制模式适用于企业各层次，区别仅在于最高主管控制的是整个企业年度计划的执行结果，而各部门或地区经理只控制各个局部的计划执行结果。

（2）获利能力控制。

在一般的财务处理中所列的营销费用，如营销人员工资、办公费、包装费、广告费、促销费、市场研究费等，多为一个总数，没有按客户、地区、营销人员及营销职能来区分。

通过获利能力分析，营销管理人员能够明确各分项的获利能力，并采取相应的对策加以控制。

（3）费用预算控制。

即对控制方案实施过程中的各项费用支出进行控制。

5. 与标准绩效相比较

在将标准绩效与实际绩效进行比较时，需要决定比较的频率，即多长时间进行一次比较，这取决于控制对象的变动频率。如果比较的结果是实际绩效与标准绩效一致，则控制过程结束。

6. 分析改进工作绩效

汽车营销策划方案在实施过程中会因两种问题产生偏差，即实施中的问题与方案本身的问题。两种情况往往交织在一起，使分析偏差的工作成为控制过程中的一大难点。如果发现问题，就要及时改进。

任务实施

要全面理解本节汽车营销策划案的实施所涉及的基础知识，并很好地解决本项目任务中所描述的小王遇到的情况，按工作流程来实施任务，通过完成任务来进一步学习，掌握达到项目目标所需的知识与技能，建议采取如下方式开展学习和训练：

一、在线学习

登录"汽车营销与服务专业教学资源库"，选定《汽车营销技术》课程中汽车营销策划案的实施微课程，观看微课教学视频，并完成相应的进阶训练，在微课学习中如有疑问，可在线提问，与教师互动交流。

二、手册学习

认真学习《〈汽车营销技术〉学生学习手册》，进一步掌握汽车营销策划案实施的知识和技能，完成"难点化解"题目。

三、模拟训练

假定你与学习小组成员商讨汽车营销策划案的实施工作，并采用角色扮演法在课堂上展示你如何实施所撰写的策划书（策划案），让老师和其他同学给予帮助和指导。

拓展提升

一、拓展任务

小李大学毕业后来到××汽车销售服务公司应聘市场部顾问，市场部主考人员提出的面试问题是让小李谈谈汽车营销策划案实施的基本流程和注意事项。如果你是小李，你将如何来回答呢？

1. 请试想小李如何言简意赅地阐述汽车营销策划案实施的基本流程和注意事项？

2. 小组课后运用角色扮演法模拟训练该场景，并拍摄微视频上传至资源库平台（或空间）。

二、拓展训练

1. 简述汽车营销策划案实施的基本流程？

2. 查找资料，选择一款即将下线的车型作为策划对象，撰写汽车营销策划案，然后详细说明如何实施该策划案？不少于 15 000 字。

拓展学习

在线测试

成果提交

三、案例分析

营销策划准备
案例 1

营销策划准备
案例 2

四、训练习题

营销策划准备
训练习题

项目五

汽车网络销售技能

网络营销是企业营销战略中一个重要的组成部分。网络营销不仅指网上直接销售，还包括企业上网宣传、在网上做市场调查、网络分销等许多方面。正确深入地理解网络营销，需要在了解网络营销产生背景的基础上，理解其实施层次及每个层次的特征，全面把握其所处的环境、特点、功能与核心思想。

任务 5-1 网络营销概述

任务引入

汽车工业是国民经济的主要支柱产业之一，在跨入网络时代之后，越来越多的汽车企业意识到网络营销对汽车营销的重要性，于是纷纷投资和发展这一科技制高点，并视之为未来营销竞争优势的主要途径。由此可见，网络营销必将成为汽车营销的主要形式之一。

任务描述

网络营销作为一种全新的营销方式，几乎超越了所有的中间环节，直接面对分布在全球各个地方的最终消费者，使得管理和销售的成本很低。在网络上，汽车企业所经营的已不再是传统意义上的商品，而主要是商品信息，在交易过程中更多地表现为商品信息的交换。

任务目标

1. 知识目标
（1）掌握网络营销的特点；
（2）掌握网络营销的优势；
（3）掌握网络营销的方法；
（4）掌握网络营销的形式。
2. 能力目标
（1）能够对汽车网络营销策略进行分析；
（2）能够优化汽车网络营销的流程；
（3）能够解决汽车网络营销中发生的问题。

相关知识

5-1-1 网络营销概述课件　　　5-1-2 网络营销概述微课视频

当今时代，网络技术已渗入政治、经济和社会文化的各个方面，进入人们的日常生活中，并带来社会经济和人类生活方式的重大变革。电子商务、虚拟现实等网络技术也已走向实际应用，汽车营销将顺应这一潮流而进入网络化。网络营销可以在营销活动的资源配置、产品研发调研、市场调查、达成交易、商品配送、客户沟通等很多方面发挥传统营销模式所没有的优势。近几年，网络用户数量的激增为网络营销的发展奠定了基础。

一、网络营销的概念

从营销的角度出发，可将网络营销定义为：网络营销是企业营销实践与现代信息通信技术、计算机网络技术相结合的产物，是指企业以电子信息技术为基础、以计算机网络为媒介和手段而进行的各种营销活动（包括网络调研、网络新产品开发、网络促销、网络分销、网络服务等）的总称。简单地说，网络营销就是以客户需求为中心的营销模式，是市场营销的网络化。网络营销可以使企业的营销活动始终和三个流动要素（信息流、资金流和物流）结合并流畅运行，形成企业生产经营的良性循环。开展网络营销前必须正确理解网络营销。

汽车网络营销是汽车企业整体营销战略的一个组成部分，是建立在互联网基础之上、借助于互联网特性来实现一定营销目标的一种营销手段。

二、汽车网络营销的特点

由于汽车网络营销是在网络和信息技术的基础上开展营销活动，因此，与传统的营销模式相比，汽车网络营销具有以下特点：

（一）面向顾客的需求

在汽车市场竞争日趋激烈的今天，企业比以往任何时候都更重视了解自己的客户是谁、客户需要什么样的产品等需求信息。网络技术为汽车企业进行市场研究提供了一个全新的通道，汽车企业可以借助它方便迅速地了解全国乃至全球的消费者对本企业产品的看法与要求。随着上网人数的急剧增长，网上调研的优势将越加明显。企业还可以借助网络图文声像并茂的优势，与客户充分讨论其个性化需求，从而完成网上定制，以全面满足汽车消费者的个性需要。与此同时，网络技术为汽车企业建立其客户档案，为做好客户关系管理也带来了很大的方便。汽车企业有了这样的基础平台，就可以做好客户信息挖掘，定期或不定期地了解顾客的各类需求信息，从而赢得市场竞争的主动权。

（二）实现与顾客的沟通

汽车消费属于大件消费，虽然在短期内尚无法完全做到网上看货、订货、成交、支付等，但是网络营销至少能够充分发挥企业与客户相互交流的优势。企业可以利用网络为顾客提供个性化的服务，使客户真正得到其希望的使用价值及额外的消费价值。网络营销以企业和顾客之间的深度沟通，使企业获得顾客的深度认同为目标，满足客户显性和隐性的需求，是一种新型的、互动的、更加人性化的营销模式，能迅速拉近企业和消费者的情感距离。它通过大量的人性化的沟通工作，树立良好的企业形象，使产品品牌对客户的吸引力逐渐增强，从而实现由沟通到顾客购买的转变。

（三）获取低廉的成本

相对传统营销模式而言，网络营销可以使企业以较低的成本去组织市场调研，了解顾客需要，合作开发产品，发布产品信息，进行广告宣传，完成客户咨询，实施双向沟通等，从而有利于汽车企业降低生产经营成本，增强产品价格优势。同时，网络营销还具有及时传递信息，增强企业获得、加工和利用信息的能力，使企业提高市场反应速度，避免机会损失和盲目营销的损失，从而改善营销绩效的特点。总之，网络营销可以为企业节约时间和费用，提升营销效率，既使企业获得低廉的成本，又使客户获得实惠。

（四）便利用户的购买

由于生产集中度和厂家知名度相对较高，产品的认知度也较高，企业比较注重市场声誉，服务体系较为完备，同时对企业营销的相关监督措施较为得力，像汽车、家电等高档耐用消费品，在市场发育较为成熟后就特别适合于网络营销。顾客可以放心购买，不必过于担心产品质量等问题。顾客可以浏览网上车市，无须到购车现场就可以在网上完成信息查询、比较决策、产品定制、谈判成交乃至货款支付等购车手续，接下来客户只需等待厂家的物流配送机构将商品车（甚至已办妥使用手续的车）交到自己手中，真正实现足不出户买汽车的梦想。此外，网上交易还不受时间和地域的限制，这也从另一方面给广大汽车用户带来了便利。

三、汽车网络营销的优势

网络已经成为人们获取信息的最重要渠道，自然也成为汽车营销的重要一环。网络营销对汽车领域存在着不可忽视的市场优势，在品牌推广中也起着重要的推动作用。

（一）网络营销有助于商家降低运营成本

网络营销可以帮助商家直接面向消费群体，跨过传统媒体，减少中间环节，降低运行成本，成为广告和新闻的发布者，打通与受众群体的渠道，便于直接传达企业的信息动态、活动详情、服务理念等。

（二）网络营销有助于企业提高与用户的互动性

企业可以直接与用户进行沟通，这自然而然就加大了与用户的互动性。用户车辆出现问题，可以通过网络了解情况并加快解决；还可以快速与媒体形成互动和互补，向媒体提供即时消息。

（三）网络营销有助于消费者更好地满足自身需求

通过网络的互动性，可以帮助消费者及时了解商家和品牌的信息，更可以就此与企业、领导者直接进行即时对话，把问题直接反映出来，提出个人需求，这样还会引起企业关注，为保护消费者权益与投诉增加了更多可行途径。

（四）网络营销有助于企业更好地发挥价格优势

在一些网络售车的案例中，价格优惠是吸引消费者的重要因素，同样也是网络售车的最大优势。

（五）网络营销有助于企业有效提高品牌知名度

提高品牌曝光率和知名度是企业推广产品的最终目的，也是网络营销最显著的特征。网络营销通过向客户提供有用的信息并与顾客保持良好的联系，树立良好的品牌形象，以此获得顾客的认同和青睐，从而提高品牌美誉度，对消费行为起到推动作用。

（六）网络营销有助于汽车营销模式的不断创新

中国汽车市场经过多年发展，在营销模式上不断创新，向多样化发展，网络营销便是这期间的产物，它的广泛应用有利于我国汽车营销模式的不断创新，对丰富汽车营销文化的内涵和建设多元化汽车营销模式都具有重要的探索和借鉴作用。

四、汽车网络营销模式

汽车企业要引入网络营销模式，首先要清楚网络营销是通过何种机制达到何种目的，然后再根据自己的特点及目标顾客的需求特性选择合理的网络营销模式。

目前，我国汽车企业有效实施网络营销的作用机制有以下两种：一是通过网络营销向顾客提供有用的信息，包括产品信息和促销信息等，同时利用互联网的交互性为顾客服务，解决顾客的疑问，增强与顾客的联系，建立顾客忠诚，永远留住顾客；二是将品牌形象的建设和管理作为网络营销的重点，增加品牌知名度，建立良好的形象，以此来获得顾客的认同和忠诚，从而达到促进顾客购买的目的。

根据新型消费者的购车行为习惯，结合我国迅猛发展的互联网、多媒体技术，当下汽车企业开展网络营销主要采用以下几种模式：

（一）汽车企业自身建设网络站点

这种网络营销模式是指汽车制造商通过建设自己的官方网站，以视频、声音、图片和文字的形式向网站的访问者介绍企业和企业产品。如设立360°全景观车页面，包括车内全景、车体外观、中控台和变速器等。另外，访问者还可以通过站点了解车型的配置价格、产品亮点、品牌故事、新闻活动、特约经销商等，并可以在线预约试车、下载图片和视频、提出问题等。如上海通用旗下的别克品牌网站"别克城市"即具备以上所有的功能，绚丽大气而不失沉稳，与别克的"心静、思远、志在千里"的品牌形象极其吻合。

（二）搜索引擎推广

搜索引擎自诞生以来就开始了迅猛的发展，现已大大改变了网民学习、生活和工作的方式。作为在未来最被看好的互联网媒体，搜索引擎同样在汽车企业的网络营销中发挥着重要作用。目前，中国汽车企业多在新产品推出前后和某一产品进行大型促销活动时在百度、谷歌等搜索引擎上购买"汽车""轿车""购车"等热门关键词，以增加官方网站或促销信息网页的点击量，从而达到广告效果。

（三）综合门户推广

综合门户网站是目前中国互联网上最大的广告媒体，综合门户网站的首页可以发布汽车产品的视频或图片广告，其汽车频道则为消费者提供最详尽的购车资讯和最便捷的购车通道。汽车频道一般包括新闻、车型、导购、用车、答疑和社区等栏目，消费者可以在其中查询特定车型所有经销商的信息、最新的车市活动等，并可在网上提交购车意向，计算购车所花金额等。

（四）专业汽车站点推广

垂直类专业汽车站点是提供购车资讯和购车服务的一种汽车网络营销平台，主要专注于网上汽车业务。它与汽车频道不同的是它的专业性，它专注于网上汽车业务。专业汽车站点的品牌专区往往对汽车企业具有品牌塑造和形象建设的职能，在专区内有时甚至可以找到汽车企业自身的官方网站上没有的信息资料。

（五）博客营销和播客营销

博客营销是一种基于个人知识资源的网络信息传递形式。开展博客营销的基础问题是对某个领域知识的掌握、学习和有效利用，并通过对知识的传播达到营销信息传递的目的。播客营销就是把博客营销中用来传递信息的文字变成了视频和声音。

（六）手机移动营销

手机上的无线互联网，将是下一个甚至比互联网还要大的网络，其中蕴含的商业价值无限量。由于手机的贴身性、直接性和关注度都远较其他媒体要高，因此基于 WAP（移动手机网）的营销平台，拥有更为鲜明的用户族群、更高活跃度的用户和提供更为精准的效果评测。目前，业内已有大量通过 WAP 进行营销的成功案例。

（七）网上 4S 店

这是通过整合多方面资源将传统 4S 店和网络营销优势相结合后打造的一个全新模式的汽车展示销售平台，提供给汽车经销商发布车型报价、试驾、维修、保养预约服务等功能，提供针对企业微博运营的精准数据分析服务以及更高效的沟通管理平台。

网上 4S 店作为一种具有革命性意义的汽车网络营销整合平台，它通过模拟线下售车的全过程，让汽车购销双方在足不出户的条件下即可实现网上看车、选车、咨询、订单生成的全过程，突破了时间和空间的限制，轻松便捷地完成选车购车的全过程，同时还可让消费者享受各种线下 4S 店没有的特别优惠。

此外，汽车网页广告、E-mail 营销、BBS、微博等多种模式也越来越多地被车企应用到营销实践中。每款汽车都有自己独特的定位，汽车企业应针对自己的目标客户选择不同

的网络营销模式进行有效整合，以达到最好的传播效果。

五、汽车网络营销流程

（一）直销流程

（1）消费者进入互联网，查看汽车企业和经销商的网页，在这样的网页上，消费者通过购物对话框填写购货信息，包括个人信息、所购汽车的款式、颜色、数量、规格、价格等。

（2）消费者选择支付方式，如信用卡、电子货币、电子支票、借记卡等，或者办理有关贷款服务。

（3）汽车生产企业或经销商的客户服务器检查支付方服务器，确认汇款项是否被认可。

（4）汽车生产企业或经销商的客户服务器确认消费者付款后，通知销售部门送货。

（5）消费者的开户银行将支付款项传递到消费者的信用卡公司，信用卡公司负责发给消费者收费单。

（二）中介交易流程

汽车交易中心以互联网为基础，利用先进的通信技术和计算机软件技术，将汽车生产商、经销商甚至零部件生产商和银行紧密地联系起来，为客户提供市场信息、商品交易、仓储配送、货款结算等全方位的服务。

（1）买卖双方将各自的供应和需求信息通过网络告诉汽车交易中心，汽车交易中心通过发布信息向参与者提供大量详细的汽车交易数据和市场信息。

（2）买卖双方根据网络汽车交易中心提供的信息选择自己的贸易伙伴。汽车交易中心从中撮合，促使买卖双方签订合同。

（3）汽车交易中心在各地的配送部门将汽车送交买方。

六、国内汽车网络营销的主要问题

（一）对网络营销的发展策略缺乏系统研究

目前，国内汽车企业对网络营销模式还处于实践摸索和向国外同行企业学习的阶段，还没有形成一整套适合我国国情的汽车网络营销策略。一些汽车企业习惯于沿用过去传统实体市场的营销策略，不熟悉与网络营销相适应的营销策略，不注意在经营过程中提高企业经营水平、培育企业顾客资源、革新企业技术、扩大企业竞争优势等，同国外汽车企业相比较还有较大的差距，因而网络营销的诸多优势在国内汽车中尚未体现出来。

（二）网络营销赖以生存的品牌基础有待继续夯实

品牌经营是市场营销的高级阶段，是市场营销的基础与灵魂。网络营销只有建立在知名度高、商业信誉好、服务体系完备的汽车品牌的基础上，才能产生巨大的号召力与吸引力，广大用户才能接受网上购车等新的交易方式，摒弃传统的实物现场购车等习惯。而我国的部分汽车品牌缺乏科学化、现代化、规范化的品牌营销系统，品牌基础有待夯实，品牌实力还有待提升。

（三）网络营销的具体业务还处在初级阶段

目前，国内大部分汽车企业只是建立了一个网站，借助网络技术做网络广告、促销宣传等简单业务，有的企业甚至只是将企业的厂名、简介等简单信息挂在网上而已。事实上，这种网络业务根本不能等同于网络营销。企业只有通过大力探索各种具体的营销业务，如电子商务、网上调研等，才能充分利用网络资源，并不断向网络营销靠拢。

（四）网络营销人才缺乏

网络高科技是网络营销发展的推动力。与其他营销模式相比较，网络营销对 IT 技术的要求较高，如营销信息的采集、处理与分析等活动，都需要强有力的技术支持。而目前国内汽车网络营销的整体发展还处在初级阶段，缺乏大量的既懂网络技术又懂汽车营销的复合型人才，需要一个培养过程。

（五）物流网络不完善

目前，物流配送的主要问题是缺乏社会化的物流配送支持，物流业的整体发展水平较低，物流企业规模小等。因此，许多企业要么不得不自建配送中心，但配送中心无法实现物流的规模化经营，物流作业能力和利用率较低；要么由于受到投资能力的限制，不能建立配送中心，不能及时将商品支付给客户。

（六）网络消费群体尚未形成

网络营销的发展依赖于一个具有一定规模的网上消费群体，即必要的客户基础，而这个群体的壮大主要受到网络速度与上网费用两个因素的影响。低水平的网络服务与高额的收费已经成为制约网络营销发展的一道瓶颈。

（七）政府的指导作用需要加强

网络营销具有全局性、综合性、整体性与复杂性等特点。而在我国，网络营销又表现为跨地区、跨部门、跨所有制经营，各方的利益及运作需要协调和规范，需要在政府的宏观管理和指导下，建立规范和科学的协调机制。

七、国内汽车网络营销发展策略

（一）帮助消费者转变交易观念

网络营销的发展首先需要消费者认识网络营销的特点，熟悉网上购物的过程，转变传统的商品交易观念，改变以往的购物习惯。为此，汽车企业需同全社会一起，强化网络营销的宣传，提高公众对网络营销的认知，消除客户对网络营销的陌生感和神秘感，使消费者接受这一新型购物模式。

（二）树立品牌意识

品牌经营是汽车市场营销的高级阶段，是汽车网络营销的基础和灵魂。网络营销只有建立在知名度高、商业信誉好、服务体系完备的汽车品牌的基础上，才能产生巨大的号召力与吸引力，广大用户才能抛弃传统的实物现场购车习惯，接受网上购车等新的交易方式。我国汽车企业应该建立科学、现代、规范的操作系统，树立品牌意识，提高品牌实力。

（三）提高创新意识

国内汽车企业应该建立具有自己特色的汽车营销网站，实时更新自己的汽车产品信息以及国内外汽车的新动态，网站建设要有新意，不要只是照抄国外的汽车网站。

（四）加强与消费者的互动，提高服务水平

汽车营销网站除了要完成网络广告、促销宣传、车型介绍、信息发布、价格查询以及收发电子邮件等简单业务外，还要与消费者进行交流，了解消费者的需求，满足消费者购车的个性化要求，提高自己的服务水平，拉近与消费者的情感距离。

（五）努力培养汽车网络营销人才

汽车网络营销能够取得成功，在很大程度上取决于汽车企业所拥有的既懂汽车技术又懂网络营销管理的高素质人才。汽车企业应着力培养出一批网络营销精英，并借助于这批素质高、能力强、业务精的专业人才，才能稳步推进汽车网络营销的发展。

（六）认真研究发展网络营销的具体策略

汽车企业应抓住当前 IT 产业蓬勃发展、网络技术日趋成熟的有利时机，认真做好本企业网络营销的发展规划，拟定具体的发展目标和措施，在企业内外广泛开展网络营销研究，不断开发适合自己的网络营销新手段，抢占网络营销的制高点。

（七）完善网络基础设施

国家要加快网络技术开发，改善网络基础设施，建设信息高速公路，提高完善服务水平，为网络营销的发展提供一个良好的物质基础。

（八）提高网上交易安全性

网上交易安全问题一方面源自技术层面；另一方面源自商务层面。前者需要技术部门研究和完善电子签名、用户认证等技术措施，加快电子货币的研究，尽快实现网上安全支付；后者需要企业强化商业信誉，提高服务意识与服务质量，同时社会也需要通过建立和完善法律制度来保障网上交易的安全。

（九）健全物流配送系统

国家应鼓励建立一批跨地区、跨部门、跨企业的现代化大型物流企业集团，完善集物流、商流、信息流于一体的社会物流体系，实现物流配送系统的专业化、系统化、网络化、信息化、现代化、规模化及社会化，为网络营销的发展提供强有力的社会支撑。

（十）发挥政府扶持和宏观调控的作用

政府既要鼓励和扶持网络营销的发展，制定相关发展政策和发展框架，为网络营销的发展创造宽松的环境，又要做好网络营销发展的宏观规划，协调部门、地区之间的利益，保持网络营销有关政策、法规、标准的一致性和连续性，促进网络营销向规范化、科学化的方向健康发展。

（十一）建立、健全网络营销的法律法规体系

网络营销在我国还是一种新的营销模式，尚处于导入阶段，需要有一个良好的法制环境。建立、健全网络营销的法律法规体系，一方面，要求对原有的法律体系进行必要的调整；另一方面，又需要制定新的法律法规，以适应网络营销的发展。

总结本节知识要点，全面掌握相关知识。

一、汽车网络营销的概念

汽车网络营销是汽车企业整体营销战略的一个组成部分，是建立在互联网基础之上、借助于互联网特性来实现一定营销目标的一种营销手段（模式）。

二、汽车网络营销的特点

（1）面向顾客的需求；

（2）实现与顾客的沟通；

（3）获取低廉的成本；

（4）便利用户的购买。

三、汽车网络营销的优势

（1）网络营销有助于商家降低运营成本；

（2）网络营销有助于企业提高与用户的互动性；

（3）网络营销有助于消费者更好地满足自身需求；

（4）网络营销有助于企业更好地发挥价格优势；

（5）网络营销有助于企业有效提高品牌知名度；

（6）网络营销有助于汽车营销模式的不断创新。

四、汽车网络营销模式

根据新型消费者的购车行为习惯，结合我国迅猛发展的互联网、多媒体技术，当下汽车企业开展网络营销主要采用以下几种模式：

（1）汽车企业自身建设网络站点；

（2）搜索引擎推广；

（3）综合门户推广；

（4）专业汽车站点推广；

（5）博客营销和播客营销；

（6）手机移动营销；

（7）网上 4S 店。

五、汽车网络营销流程

（1）直销流程；

（2）中介交易流程。

六、国内汽车网络营销的主要问题

（1）对网络营销的发展策略缺乏系统研究；

（2）网络营销赖以生存的品牌基础有待继续夯实；

（3）网络营销的具体业务还处在初级阶段；

（4）网络营销人才缺乏；

（5）物流网络不完善；

（6）网络消费群体尚未形成；

（7）政府的指导作用需要加强。

七、国内汽车网络营销发展策略

（1）帮助消费者转变交易观念；

（2）树立品牌意识；

（3）提高创新意识；

（4）加强与消费者的互动，提高服务水平；

（5）努力培养汽车网络营销人才；

（6）认真研究发展网络营销的具体策略；

（7）完善网络基础设施；

（8）提高网上交易安全性；

（9）健全物流配送系统；

（10）发挥政府扶持和宏观调控的作用；

（11）建立、健全网络营销的法律、法规体系。

拓展提升

专项实训：进入淘宝网，试着开一个小店，进入支付宝，试着注册一个支付宝账户，思考淘宝网采用了哪些营销策略击败竞争对手？

一、实训目的

通过专项实训，学生能够运用学到的知识，对淘宝网采用了哪些营销策略击败竞争对手进行分析，提出见解，达到学习目标。

二、实训步骤

（1）教师将学生分组，学生5～7人一个小组，选出组长，以小组为单位，讨论大家对网络营销的认识；

（2）运用本项目学到的知识，分工合作，收集资料，讨论淘宝网采用的营销策略；

（3）撰写淘宝网采用的营销策略实训报告（1 000 字以上），上交教师；

（4）派小组代表上台演示结果，老师随意提问小组成员。

三、实训考核

（1）实训报告内容的完整性和科学性；

（2）实训报告的可行程度；

（3）实训报告撰写的水平；

（4）小组演示和提问回答的水平。

四、实训结果提交方式

提交实训报告和幻灯片演示文档。

五、拓展训练

拓展学习   在线测试   成果提交

六、案例分析

网络营销概述   网络营销概述
案例 1   案例 2

任务 5-2　电话营销

任务引入

电话营销是近年来发展非常迅速的一种新兴的营销方式，据统计，汽车展厅接待的顾客中，超过三分之一的顾客是通过电话邀约到店看车的，电话营销已经成为汽车营销发展的一个趋势。因此，汽车销售人员更应该了解电话营销的发展趋势，掌握电话营销的流程和技巧，从而提高电话邀约或成交的概率。

任务描述

电话营销，就是通过电话、传真等通信技术来完成有规划、有组织的任务，并且实现高效率地扩大客户群、提高客户满意度、维护顾客忠诚度等市场行为的一种营销模式。电话营销通过电话网络实现与客户进行双向沟通的营销以及实现与客户进行信息分享的促销，既是一种语言战，又是一种心理战。

任务目标

1. 知识目标

（1）了解电话营销的定义、作用；

（2）掌握电话营销的技巧、策略。

2. 能力目标

（1）能够运用所学的知识分析比较电话营销的优缺点；

（2）能够根据本地区汽车市场环境，学会帮助汽车企业分析选择较为合适的汽车电话营销流程。

相关知识

一、电话营销概述

电话营销最早兴起于 20 世纪 80 年代的美国，随着市场竞争越来越激烈，电话营销作为一种可以帮助企业赚取更多利润的营销模式，正在慢慢地为众多企业所采用。电话营销是一个需要有较强的心理承受力及应变能力、流利的口头表达能力和一定技术含量的行业，不像一般人想象得那样简单、容易。

（一）电话营销的定义

电话营销，是指通过电话、传真等通信技术来完成有规划、有组织的任务，并且实现高效率地扩大客户群体、提高客户满意度、维护客户忠诚等市场行为的营销模式。

电话营销的目的是提高公司形象，扩大企业知名度、客户群，提高客户满意度。是维系客户关系的一种市场营销手法，是提升企业价值的一种手段，也是一种低成本、高效率的营销模式，可以使企业在一定的时间范围内，快速地把信息传递给目标客户，及时抢占目标市场。

1. 电话营销的优势

能与顾客直接沟通，可及时收集反馈意见并回答提问；可随时掌握顾客态度，使更多的潜在顾客转化为现实顾客。

2. 电话营销的劣势

因干扰顾客的工作和休息所导致的负效应较大；由于顾客既看不到实物，也读不到说明文字，易使其产生不信任感等。

3. 电话营销与传统营销的区别

（1）与传统营销相比，电话营销成本低、效率高。

（2）电话营销的整个营销过程和结果是可控的。

（二）电话营销的种类

从功能上来看，电话营销可分为两种：一种是完全意义上的电话营销，100%的订单都是通过电话来完成的；另一种是只起到挖掘销售线索、处理订单、跟进客户、服务客户的作用，其他任务由外部销售人员来配合，共同完成订单。

（三）电话营销的作用

电话营销作为一种重要的销售手段，除了成交之外，还可以帮助企业实现很多价值。在信息时代，电话营销给企业带来的益处是显而易见的。

1. 及时把握客户的需求

电视、收音机、报纸等媒体，都只是将新闻及数据单方面地传给对方，也就是单向沟通，而现在唯一能够与对方进行双向沟通的一般性通信工具就是电话。电话这种重要的商务工具能够使销售人员在短时间内直接听到客户的声音。通过双向沟通，企业可在通话时了解客户的需求、意见和建议，从而为客户提供有针对性、分层次的高品质服务，满足不同客户对产品的不同需求，同时为企业的产品优化及今后的发展方向提供参考。

2. 提高效率，增加收益

电话营销是一种交互式的沟通，在与客户进行电话营销沟通时，不仅仅局限于满足客户对产品的认知，同时可以考虑进行交叉营销（营销客户需求以外的相关产品），也可以考虑进行增值营销（营销更高价位、更具优势的产品），还可以通过电话让客户享受优质高效的客户服务，不但可以降低企业的销售成本，而且可以扩大销售收入，进而增加企业收益。

3. 能有效维持企业与客户的关系

通过电话营销，企业可以在最短的时间内有效接触到最大范围的目标客户，进而建立起良好的客户关系。同时，销售人员与客户的电话沟通有助于采集信息、建立客户数据资料库，跟踪搜集客户对产品及服务的意见和建议。这些数据作为一种资源将会成为企业的一种无形资产，为企业的产品营销提供各种各样的帮助。良好的客户关系同样会扩大企业品牌的影响力，增强客户对企业的忠诚度，让客户更加钟情企业的产品。

（四）电话营销的特点

具体来说，电话营销主要有以下几个特点：

1. 电话营销虽然是销售模式中的一个重要的模式，但只有和其他的销售模式很好地结合起来，才可以从优秀走向卓越

电话营销是在双方没有会面的情况下进行的纯粹语音交流。然而，并非所有的客户都可以通过电话搞定，因而电话营销员要根据双方沟通的具体情况来决定是否需要采取登门拜访、邮件传真等其他更为有效的沟通方式。

2. 电话营销最容易找到客户也最容易被客户拒绝

电话营销能够花费最少的时间收集到最广的客户信息，客户能够轻易接起电话，电话的时间可长可短，也省去了赶路的时间。但是，并不是所有的客户都能够成为真正的客户，除非客户本身或潜在有这种需求，否则客户会很快挂掉电话。

3. 电话营销的成功是小概率事件，所以不必患得患失

因为电话营销还未真正融入人们的生活习惯中，因而人们总是本能地拒绝营销电话，这并非因为产品与价格不够好，而是由于双方缺少必要的信任基础。所以，电话营销人员应当养成一个不怕被拒绝的习惯才最好。

（五）影响电话营销成功率的因素

影响电话营销成功率的因素有以下几个方面：

1. 产品

这里的产品指的是大产品概念，包括产品定位、质量、价格、市场空间、知名度、美誉度、认知度等。使用价值小、知名度低的产品消费者因看不到真实产品，使得消费者在作购买决策时很犹豫，所以不适合电话营销；价格过高的产品因消费者要承担的风险过高也不太适合电话营销。

2. 数据质量

进行电话营销需要大量的数据，数据的质量直接影响到电话营销的成功率。但是数据的筛选和核实工作却要企业付出一定的成本，虽然目前很多企业已意识到数据的重要性，但是并不愿意付出成本来完善数据库，所以目前电话营销的成功率只是徘徊在 0.5%～2.5%。

3. 营销技巧

专业的电话营销人员一般是经过培训的，每一个环节和关键点都是经过精心准备的，所以，电话营销人员要不断总结经验教训，改进营销技巧，这会给电话那头的客户以专业、贴心的感觉。

4. 电话的参与程度

电话营销有时是可以直接完成订单的，比如说单纯的电话营销、会议邀请、电话调查等；但很多时候电话营销只是起到信息采集或者过滤的作用，比如说销售机会挖掘、订单处理等，要真正成交，还需要配合其他营销手段。今后，电话营销参与的广度会越来越大，程度会越来越深，但在营销活动中所占的份额会越来越少，这就需要对各种营销模式进行整合，才能提高营销效率。

5. 追呼电话

数据显示，很少有电话营销是通过一通电话就搞定的，大多数电话营销是在第三次、第四次追呼之后，有些甚至是追呼到第七次、第八次后才成功。当然，在电话中的判断识别很重要，有经验的电话营销人员会在消费者的个别词句之间捕捉销售线索，并判断出他是不是潜在客户，以便作出追呼计划。

二、电话营销的流程

5-2-1　电话营销的流程课件　　　5-2-2　电话营销的流程微课视频

一般来说，电话营销的流程有以下 7 个步骤：

（一）第一步：准备工作

1. 客户资料的准备

电话营销的客户信息来源主要包括以下几种：

（1）汽车 4S 店网点收集的资源。

（2）总部资源。

为了便于统计公司的宣传效果，需要对来电客户的信息来源进行分析统计，以便进一步调整营销策略，如表 5-2-1 所示。

表 5-2-1　来电客户的信息来源分析表

来电来源	报纸	网络			电台	户外广告			推荐购车		老客户增购或置换	114	其他		
分类名称	报纸名称	汽车之家	易车网	……	频道	牌照	广告牌	……	保有客户推荐	朋友推荐			杂志	电视	……
1															
2															
3															
4															
5															
6															
…															
合计															

2. 自身的准备

1）心态的准备

电话营销的良好心态应该是热诚、自信的。坚持不懈地打电话，就会成功地克服与营销有关的一切恐惧心理。作为汽车营销人员，应该对打电话给顾客持正确的观点：打电话是为了帮助别人，帮助别人也等于在帮助自己。做到动机单纯、心无杂念，抱着帮助他人的态度，就不会有挫折感，从而增强自信、减轻恐惧感。

2）声音的准备

作为一名电话营销人员，其声音应该具备以下特征：音调抑扬顿挫，音质愉悦开朗，表达清晰明了，音量大小适中，速度快慢有致（想要强调的部分，速度放慢）。

3）措辞的准备

恰当的用词是电话营销的关键，应该多用积极、正面、礼貌的措辞，如"是""当然""我可以""我能""感谢您"等，表达对客户提供帮助的意愿，取得客户的信任；避免使用反映营销人员信心不足或者传达出不愿帮助客户的信号的中性或负面的措辞，如"我看看吧""再说吧""你必须这样"等。

3. 资料的准备

需要用到的资料可能有打电话的目标、致电客户的信息、产品价格表、宣传单页、使用手册、车辆保险、上牌流程、促销活动信息等，对来电客户要填写来电客户登记表，如表 5-2-2 所示，这也会成为重要的资料。

表 5-2-2　来店客户登记表

年　月　日										
客户姓名	电话	地址/邮箱	性别	意向车型	颜色	来电时间	客户信息来源	要点记录	意向试驾（乘）车型	

4. 硬件的准备

1）准备好纸笔作记录

一名电话营销人员，如果完全不去记录，就相当于一直在做无用功。通过客户档案随时作记录，就会避免做无用功。

2）良好的工作环境

工作环境对于电话营销的成败具有很重要的作用，电话营销人员不仅仅需要一个没有噪声干扰的工作地点，还要做好与客户谈话时避免受干扰的准备。当客户提问时，手边要有必要的产品说明或服务信息，以便能快速及时地找到答案。

5. 客户的识别和应对准备

电话接通后，可能会遇到不同意愿、不同来源和不同性格的客户。对于不同类型的客户，应采取不同的应对方法。

（二）第二步：开场白

1. 开场白的原则

（1）始终保持真诚；

（2）永远相信拒绝是客户的本能反应；

（3）切忌不要设计自我设限的问题；

（4）用最清晰的声音表达最简单的意思。

2. 开场白五要素

一般来说，开场白包括问候与自我介绍、建立关系、吸引客户注意力、陈述相关证据和确认对方兴趣度 5 个要素。

3. 开场白的内容

要在 15 秒内完成公司介绍及自我介绍，引起客户兴趣，让客户能够继续倾听。在 15 秒的时间里，要让客户清楚地知道：我是谁、我代表哪个公司、我们公司提供的服务能给客户带来的好处。

（三）第三步：需求分析

一般在电话营销的需求分析环节常采用以下话术收集信息：

1. 针对置换客户采用的话术

（1）您想了解哪款车？

（2）您是打算置换吗？

（3）我们针对二次购车的客户有一项感恩回购双重礼置换活动，您是否需要了解一下呢？

（4）您现在的车是什么品牌的？是哪款车？

（5）您是在哪年买的车呢？您的车目前行驶了多少公里？

（6）您打算什么时候换车呢？预算是多少？

（7）我们会将最新的优惠信息发送给您，您看是通过短信、电子邮件发送给您还是邮寄给您方便呢？

2. 针对购买新车客户的话术

（1）您想了解哪款车？

（2）您是打算买哪个牌子的车吗？

（3）您打算什么时候用车/换车呢？想买大概什么价位的车？

（4）主要是您还是您的家人使用这辆车？

（5）是在本地使用，还是外地使用呢？

（6）您喜欢哪种颜色的车呢？

（7）我们会将最新的优惠信息发送给您，您看是通过短信、电子邮件发送给您还是邮寄给您方便呢？

3. 客户需求分析记录

一般采用客户需求分析记录表对客户的信息进行记录，客户需求分析记录表如表5-2-3所示。

表5-2-3　电话营销客户需求分析记录表

序号	项　目	项目内容
1	客户姓名	
2	联系电话	
3	性别	
4	职业	
5	原车品牌及车型	
6	关注本品牌车型	
7	关注其他品牌车型	
8	预计购车时间	
9	购车预算及付款方式	
10	是否置换	
11	客户性格特征	
12	兴趣爱好	
13	家庭状况	
14	……	

（四）第四步：利益介绍

1. 不同需求导向客户的利益介绍

通常汽车电话营销人员在介绍时主要采用如下的一些利益点来吸引客户：价格实惠，相比其他店有优惠；手续方便，一站式，全程服务；交易安全快捷；感恩回馈新老客户等。

2. 礼仪介绍的推进过程

引发注意→提起兴趣→提升欲望→建议行动。

（五）第五步：异议处理

通常在每一次的销售过程中，都会遇到这样或那样的问题，引起客户的疑问，这些都属于顾客异议。销售人员要妥善处理各种可能发生的异议，与顾客进行协商，才能达到最后的销售目标。

1. 正确认识顾客异议

异议产生的原因可能来自顾客，也可能来自销售人员，如表5-2-4所示。

表5-2-4　顾客异议产生的原因

来自顾客的原因	来自销售人员的原因
1. 汽车的最终售价与顾客的心理价位不符； 2. 对车型配置和服务政策等不满意； 3. 顾客的预算不足或顾客目前暂时缺乏支付能力或遇到按揭付款等方面的麻烦等； 4. 听到了不正确的信息； 5. 受到了竞争对手的恶意诱导； 6. 顾客没有理解销售人员的话	1. 自身的行为举止和态度让顾客反感，夸夸其谈，让顾客怀疑真实性； 2. 过多地使用专业术语，顾客无法理解，碍于面子又不好深究； 3. 说得太多，听得太少，以至于没有搞清楚顾客真实的购买需求； 4. 与顾客争论、抬杠； 5. 没有给予顾客应有的尊重； 6. 事实调查不正确，引用了不准确的调查资料； 7. 故作姿态，让顾客难堪

有调查显示，在提出过反对意见的顾客中有60%以上的顾客最终还是采购了销售方的产品。因此，当顾客提出一些反对意见时，表明他们其实往往真正关心这个产品，有比较强烈的购买意向，同时顾客也不知道自身的一些要求销售方是否能给予满足，需要证实，这时异议就产生了。而那些没有提出异议的顾客，也许他们没有明确的需求，或对销售方的产品根本就不关心。因此，销售人员要调控好自己的情绪，积极地看待顾客异议。

2. 异议的化解处理

异议的化解处理一般采用三个步骤：先要发出理解的信号，再使用有效的方法应对，坚决避免典型错误。具体步骤如下：

1）发出理解的信号

面对顾客提出的异议，先要发出理解的信号：

（1）你提到的这个问题的确很重要。

（2）我以前也经常这么想。

（3）不少人也问到了这样的问题。

（4）你考虑得确实非常细致、专业。

（5）我明白你的想法了。

2）使用有效的方法应对

应对顾客异议的方法如表5-2-5所示。

表5-2-5 有效应对顾客异议的方法

类型	应对方法	举例
反问法	针对那些你一时不知道如何回答的问题，反问几个问题	客户："我朋友刚买了一辆车，比你报价便宜1万多元。" 我们："买车是应该多比较一下价格的。请问您朋友在哪里买的？是什么型号的？带6碟CD吗？带……吗？"
抵消法	用优点去抵消缺点	可以从两方面去强化： 优点远大于缺点；缺点也不那么严重
转移法	针对那些确实存在的问题转移话题	"您说的原则上是对的，不过，在这方面我倒有个新的看法……" "按常规您说得对，只是还有另外一个因素需要考虑……"
实例法	讲其他顾客或媒体相同的意见等	"前一阵子，一位顾客跟您提出了同样的看法，但是当他把车买回家后，根本没有出现开始的那些担忧，而且还推荐一些朋友来看车呢。" "我们的速腾车凭借着卓越的驾驶品质、优秀的制造工艺及突出的安全性能一举获得了2007年'驾驶性能奖''制造质量奖'"两项大奖。
比较法	异议属于同类（级别）车的共性	"与同级别的凯越和307比较，我们新宝来的油耗还算是省的呢。"
延期法	针对那些不了解或短时间纠缠不清的问题	"您说的这个问题，可能存在，这样吧，对于这样专业的问题，我回头请教一下我们的技术专家，我会主动联系并解释的。" ［也许客户确实专业，也许客户只是问了个外行冷僻的问题——无所谓，正好将此问题的回复作为后续跟踪的理由或后续试驾的解说重点，而且体现出你的真诚和诚信］

3. 坚决避免典型错误

面对异议，坚决避免的3种处理方式：直接反驳、教训顾客、诋毁竞品，如表5-2-6所示。

表 5-2-6　异议处理中的典型错误

异议处理中的典型错误	举　　例
直接反驳	"不，……" "这是不对的。" "这个我还从来没听说过。" "这是您看错了。" "我告诉您吧，什么是对的。"
教训顾客	"我不知道您从哪里得来的这个信息……" "您应该仔细读一读资料说明书！" "我和您说过了，您应该知道的。" "这是谁和您讲的？"
诋毁竞品	"您看，××车实在很烂。" "在动力性上，那车可比我们差远了。" "我觉得××车根本是在欺骗顾客。"

（六）第六步：获得承诺

1. 收场话术

（1）如果成功邀约，简单归纳总结谈话内容，约定下一步的具体行动，获得客户的承诺，告知客户销售顾问的姓名、特征，感谢客户对公司服务的支持。

（2）如果未能成功邀约，感谢客户接听电话，记录客户信息，告知客户销售顾问的姓名、特征，提供下一次打电话的借口。

2. 电话回顾

从以下几个方面来检查电话营销的效果：

（1）电话目标是否达到；

（2）下一步跟进计划；

（3）做得成功的地方；

（4）可以改进的地方、如何改进。

（七）第七步：客户跟进

电话营销往往不是一次就能够完成的，要不断地努力。

第一次电话沟通后，会出现四种类型的客户：同意到店的客户、没有给出明确意向的客户、中断的客户、失败的客户。电话营销人员要根据不同意向级别的客户类型，制订客户跟进计划即第二次接触计划。

客户跟进方法：电话跟进法、信函定点邮寄法、短信息关怀法、网络跟进法。

三、电话营销的目标

（一）目标的分类

一般情况下，电话和客户沟通目标往往不是单一的，所以就需要对这些目标进行以下划分。

5-2-3　电话营销的目标课件　　　5-2-4　电话营销的目标微课视频

1. 主要目标

通常是指你最希望在这次对话中达成的事情。

2. 次要目标

通常是指当你没有办法在这次对话中达成主要目标时，你最希望达成的事情，或者说在主要目标完成后要进一步完成的目标。

（二）主次目标范围界定

1. 常见的主要目标

（1）了解客户需求，确认目标客户。

（2）确定下次电话或拜访的时间（就某些确定问题进行进一步沟通）。

（3）确定客户的购买时间和项目。

（4）确认客户何时做最后决定。

（5）让客户同意接受服务或产品的提案。

对于电话营销来说，主要目标是吸引客户到店体验。所以，电话营销人员要根据从各个渠道得到的客户信息，打电话与客户取得联系，通过电话告知客户产品信息、优惠促销等活动，引发客户的兴趣，最终邀请客户到店实际体验。

2. 常见的次要目标

（1）取得客户的相关资料。

（2）确定未来再和客户联络的时间。

（3）引起客户的兴趣，并让客户同意先看产品和服务情况。

（4）取得负责人信息或者其他客户的信息。

对于电话营销来说，次要目标是获得客户的相关资料（姓名、电话、地址、现使用车辆信息、家庭信息等），通过电话沟通，进一步获得客户的相关信息，如购车意向、消费需求等，有利于销售顾问进一步跟进客户，培养自己的目标客户。

四、营销电话的接待礼仪

微笑是营销人员最好的语言工具，接待客户的第一秘诀就是展现你的亲切笑容。

（一）电话营销人员在接待时要常说"请""谢谢"和"对不起"这些礼仪常用语

一般生活中人们常常会忽视对简单礼仪常用语的使用，礼仪常用语包括"请""谢谢"和"对不起"等等。

（二）打电话

打电话前应事先准备笔和纸，切勿在通话过程中要求对方等待，去寻找笔和纸，这是非常不礼貌的。

（三）接电话

接电话后首先要清楚地通报自己的姓名及公司名，让对方马上识别，不要浪费时间。

电话用语应文明、礼貌，态度应热情、谦和、诚恳，语调应平和，音量要适中；接听电话最不礼貌的行为就是未通报公司名称及姓名，就问客人一些问题。对方如果打错电话，要婉转地说"对不起，您打错电话了""对不起，我们这里没有这个人，请再确认"，待对方确信打错电话后再挂断电话。

（四）转接电话

（1）如果对方请你代传电话，应弄明白对方是谁，要找什么人，以便与接电话人联系。常用语包括"请问您找谁？""请问您找哪一位？"

（2）确认转接后，请告知对方 "稍等片刻"，并迅速找人。如果呼喊距离较远的人，可用手轻捂话筒或按下保留按钮，然后再呼喊接话人。用语："马上为您转接，请稍等。"

（3）转接电话，必须确认电话完成转接无误，如果转接一段时间后，指定接话人仍无法应答电话，应立即重复接听，并询问对方是否继续等待。用语："××先生，对不起，×××可能不在或在忙着，是否由我为您服务？"

（五）电话留言

如果客户来电所寻找的同事不在，务必请客户留下信息；有的客户，如果你未要求他留言，他可能会认为你所在公司是非常不讲礼仪的公司；你可以使用下列话术："请问您的姓名、您的公司名称、您的电话、何时去电合适？"

（六）接打电话注意事项

（1）保持微笑，微笑会影响你说话的语调，从而让温馨的说话气氛感染客户。

（2）让客户感到舒适、轻松，没有压迫感；如果无意地打喷嚏或咳嗽，要马上向客户说"对不起"；切勿一边通电话一边吃零食、抽烟或嚼口香糖，这是非常不礼貌的。

五、电话营销技巧

（一）在打电话前准备一个名单

电话营销工作的第一步就是确定自己的目标客户。在目标客户最集中的地方寻找客户，才能取得更好的效果，所以一定要准确地定位你的目标客户。电话营销人员拨打出陌生电话的首要环节就是要确认与你通话的人就是你要找的关键人。

事先选定目标客户的行业，通过黄页、网络筛选客户，准备一份可以供一个月使用的人员名单，这样可以大大提高工作效率。

（二）给自己规定工作量

首先规定打电话的时间，比如上午和下午各两个小时，在规定时间内要打 100 个电话，无论如何要完成这个任务，而且还要尽可能多地打电话。

（三）寻找最有效的电话营销时间

通常来说，拨打营销电话的时间是在早上九点到下午五点之间。所以，每天可以在这个时间段腾出时间来进行电话营销。但是，各行各业的从业人员适宜接电话的时间都不一样，因此电话营销人员应了解各个行业的工作性质，在顾客方便接电话的时间与之联系，会收到更好的效果。

（四）开始之前先要预见结果

打电话之前要事先准备与客户沟通的内容，并猜想客户的种种回应，以提高你的应变力，做到有问必答，达到良好的电话沟通效果。

（五）电话要简短

打电话进行营销拜访的目标是获得一个与顾客会面的机会。电话营销的时间要控制在三分钟左右，而且应专注于介绍你自己和你所销售的产品，大概了解对方的需求，以便给出一个合理的理由让对方愿意花费宝贵的时间与你交谈，最后应与对方约定见面时间。

（六）定期跟进客户

整理有效的客户资源，定期跟进，跟客户保持联系，等待业务机会。

（七）坚持不懈

毅力是营销成功的重要因素之一。大多数的电话营销都是在第五次电话沟通之后才成交的。然而，大多数电话营销人员在第一次电话沟通后就停下来了，所以一定要坚持不懈，不要气馁。

六、电话营销人员应具备的能力

专业化的电话营销人员应具有以下几个方面的素质：

（一）营销意识

电话营销人员一定要有一种敏锐的营销意识，能准确地判断出什么样的客户才能成为目标客户。选拔的营销代表一定要有创业意识，只有这样，员工的激情才能充分地发挥出来，要进行创业，就一定要有敏锐的营销意识，而这种意识是靠经验的积累逐步培养的。

（二）沟通能力

沟通能力决定了电话营销的结果。如果员工的沟通能力强，就能有效地跟客户建立友好的关系，否则，势必很难顺利地与客户达成一致。沟通能力通过公司内部短期密集的训练就可以得到提升。

（三）热情和激情

如果电话营销人员不能控制自己的情绪，不能保持长期、稳定的热情，业绩也就会随着情绪的波动而波动。公司应通过一些物质奖励使电话营销人员富有热情和激情，但更为重要的是其自身内在的激励能力，要使员工意识到电话营销不仅是一种营销工作，同时也是很好的建立人际关系的途径，对未来的发展是很有帮助的。员工从自身而不是以完成公司的销售任务的角度来看待营销工作，才能长期保持自身的热情和激情。

（四）计划能力

电话营销人员对于自己的客户一定要有明确的分类，对每天所要联系的客户的数量、资料和电话等几个方面，要有一个明确的计划，做好对客户的管理和计划工作，这样有助于成功地销售产品。

（五）产品应用专家

电话营销人员应成为产品应用专家，要清楚地了解客户购买你的产品用在何处和如何应用，只有这样，才能有效地提高销售业绩。

（六）协调能力

因为电话营销工作分为若干阶段由若干人完成，因此对电话营销人员的协调能力有较高的要求。为了及时地回答客户提出的问题和响应客户的要求，电话营销人员需要有很强的协调沟通能力跟公司内部各个部门的人员协作，以保证工作的高效、准确。在销售过程中，如果客户对你表述的时间、价格、服务等方面存在异议，同样需要双方协调解决才能最终达成销售目标。

（七）服务技巧

电话营销人员在服务的过程中，应在研究客户心理的基础上，掌握和运用多种服务技巧，如初次接触顾客的技巧、处理抱怨的技巧、售前售中售后各阶段的服务技巧等。

七、电话营销的事后工作

电话营销人员应该对电话量进行自我管理，分析每日、每周的电话营销统计表，并进行电话营销的评估。一般采用每日、每周的电话营销统计表进行统计，如表5-2-7所示。

表5-2-7　每日、每周的电话营销统计表

日期	打电话次数	实际完成数	约见次数	推荐次数	销售笔数	销售金额
周一						
周二						
周三						
周四						
周五						
总计						

任务实施

总结本节知识要点，全面掌握相关知识。

一、电话营销的定义

电话营销，是指通过电话、传真等通信技术来完成有规划、有组织的任务，并且实现高效率地扩大客户群体、提高客户满意度、维护客户忠诚等市场行为的营销模式。

二、电话营销的作用

（1）及时把握客户的需求；

（2）提高效率，增加收益；

（3）能有效维持企业与客户的关系。

三、电话营销的特点

（1）电话营销虽然是销售模式中的一个重要的模式，但只有和其他的销售模式很好地结合起来，才可以从优秀走向卓越；

（2）电话营销最容易找到客户也最容易被客户拒绝；

（3）电话营销的成功是小概率事件，所以不必患得患失。

四、影响电话营销成功率的因素

（1）产品；

（2）数据质量；

（3）营销技巧；

（4）电话的参与程度；

（5）追呼电话。

五、电话营销的流程

一般来说，电话营销的流程有以下7个步骤：

第一步：准备工作。

（1）客户资料的准备；

（2）自身的准备；

（3）资料的准备；

（4）硬件的准备；

（5）客户的识别和应对准备。

第二步：开场白。

第三步：需求分析。

第四步：利益介绍。

第五步：异议处理。

第六步：获得承诺。

第七步：客户跟进。

六、电话营销的目标

（1）主要目标：通常是指你最希望在这次对话中达成的事情。

（2）次要目标：是指当你没有办法在这次对话中达成主要目标时，你最希望达成的事情，或者说在主要目标完成后要进一步完成的目标。

七、营销电话的接待礼仪

微笑是营销人员最好的语言工具，接待客户的第一秘诀就是展现你的亲切笑容。

八、电话营销技巧

（1）在打电话前准备一个名单；

（2）给自己规定工作量；

（3）寻找最有效的电话营销时间；

（4）开始之前先要预见结果；

（5）电话要简短；

（6）定期跟进客户；

（7）坚持不懈。

九、电话营销人员应具备的能力

（1）营销意识；

（2）沟通能力；

（3）热情和激情；

（4）计划能力；

（5）产品应用专家；

（6）协调能力；

（7）服务技巧。

十、电话营销的事后工作

电话营销人员应该对电话量进行自我管理，分析每日、每周的电话营销统计表，并进行电话营销的评估。

拓展提升

专项实训：某汽车品牌电话营销策略分析

一、实训目的

通过专项实训，学生能够运用学到的知识，对本地区某汽车销售公司所经营的汽车品牌进行电话营销策略分析，提出见解，达到学习目标。

二、实训步骤

（1）教师将学生分组，学生5~7人一个小组，选出组长，以小组为单位，讨论选择熟悉的一款汽车品牌。

（2）运用本项目学到的知识，分工合作，收集资料，讨论选定的汽车品牌电话营销策略。

（3）撰写电话营销策略分析实训报告（1 000字以上），上交教师。

（4）派小组代表上台演示结果，老师随意提问小组成员。

三、实训考核

（1）实训报告内容的完整性和科学性；

（2）实训报告的可行程度；

（3）实训报告撰写的水平；

（4）小组演示和提问回答的水平。

四、实训结果提交方式

提交实训报告和幻灯片演示文档。

五、拓展训练

拓展学习　　　　　　　　　在线测试　　　　　　　　　成果提交

六、案例分析

电话营销流程　　　电话营销流程　　　电话营销的目标　　　电话营销的目标
案例1　　　　　　　案例2　　　　　　　案例1　　　　　　　案例2